통일
함께 생각하자
통일을 꼭 해야 할까?

함께 생각하자 ❸

통일

통일을 꼭 해야 할까?

초판 1쇄 발행 2017년 12월 11일 | **초판 3쇄 발행** 2020년 9월 15일
글 이종석·송민성 | **그림** 최서영
펴낸이 홍석 | **이사** 홍성우 | **편집부장** 이정은 | **편집** 차정민·이은경
디자인 나비 | **마케팅** 이가은·이송희 | **관리** 김정선·정원경·최우리
펴낸곳 도서출판 풀빛 | **등록** 1979년 3월 6일 제8-24호
주소 서울특별시 서대문구 북아현로 11가길 12 3층 (북아현동, 한일빌딩)
전화 02-363-5995(영업) 02-362-8900(편집) | **팩스** 02-393-3858 | **전자우편** kids@pulbit.co.kr
홈페이지 www.pulbit.co.kr | **블로그** pulbitbooks.blog.me | **인스타그램** instagram.com/pulbitkids

ⓒ 이종석, 송민성, 최서영 2017

ISBN 979-11-6172-032-6 74300
ISBN 978-11-6172-029-6 74080 (세트)

이 도서의 국립중앙도서관 출판시도서목록(CIP)은 서지정보유통지원시스템홈페이지(http://seoji.nl.go.kr)와
국가자료공동목록시스템(http://www.nl.go.kr/kolisnet)에서 이용하실 수 있습니다.(CIP제어번호: CIP2017024727)

* 지은이와 협의해 인지를 생략합니다.
* 잘못된 책이나 파본은 구입하신 곳에서 바꿔드립니다.
* KOMCA 승인필

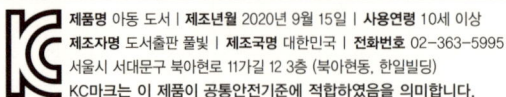

통일

함께 생각하자

통일을 꼭 해야 할까?

이종석, 송민정 글 · 최서영 그림

풀빛

차례

프롤로그 우리의 소원은 통일?

1. 세계 유일의 분단국가, 대한민국
우리나라는 왜 갈라졌을까? 12
분단의 결정적 계기, 한국 전쟁 16
적이 되어 버린 남과 북 21
햇볕정책, 북한의 외투를 벗기다 24
다시 얼어붙은 남북 관계 29
| 왜 우리나라만 분단국가로 남게 되었을까? 32 |

2. 북한은 어떤 나라일까?
수령의 나라 36
통제와 검열이 심한 나라 39
경제적 위기를 겪는 나라 41
군대의 나라 46
변화하는 북한 48
| 북한 어린이들은 어떻게 살고 있을까? 52 |

3. 통일, 꼭 해야 할까?
지금 이대로도 괜찮지 않아? 56
돈이 너무 많이 들지 않아? 59
| 통일 선배님, 독일에게 배우자! 66 |

4. 통일이 되면
경제 대국 대한민국 72
성숙하고 안정된 시민 사회 79
통일 강국의 등장 86
| 한반도의 작은 통일, 개성공단의 기적 90 |

5. 통일, 어떻게 할까?
북한은 이상한 나라가 아니야 96
남북이 이끄는 통일 101
차근차근 한 발씩 104
| 통일, 어떻게 해야 할까? 108 |

에필로그 통일은 우리의 미래!

우리의 소원은 통일?

우리의 소원은 통일
꿈에도 소원은 통일
이 정성 다해서 통일
통일을 이루자

'우리의 소원은 통일'이라는 노래입니다. 한번쯤 들어 본 적 있지요? 과거에는 이 노래가 국민 애창곡이라고 할 정도로 통일을 바라는 사람들이 많았어요. 우리는 원래 한 민족이었기 때문에 통일을 하는 게 당연하다고 여겼지요. 통일에 관한 강의를 할 때면 사람들은 통일이 언제 될지, 통일을 하려면 어떻게 해야 하는지를 물었어요.

하지만 시간이 흐르면서 사람들의 생각도 달라졌어요. 분단과 전쟁의 고통은 옅어지고, 분단된 상태에 익숙해져 버렸지요. 남북한 사람들이 사는 모습은 너무도 달라져 다른 나라보다 낯설 지경이 되었어요. 그런데다 북한과의 무력 충돌이 잇따르고 북한은 북한대로 핵 실험을 고집하니 우리 사회에서 북한을 향한 불만은 커져만 갔지요. 북한을 위험하고 짜증나는 존재로만 생각하는 사람들이 점점 더 많아졌어요. 그러다 보니 강의에서 듣는 질문도 달라졌답니다.

"통일을 왜 해야 하나요?"
"통일하려면 돈도 많이 든다는데 그냥 안 하면 안 돼요?"

태어나면서부터 분단된 나라에서 살았던 세대로서는 '원래 한 민족이었으니까 통일을 해야 한다.'는 답만으로는 충분치 않은 것같아요. 아예 대놓고 통일을 안 했으면 좋겠다고 말하는 친구들도 있어요.

　이런 반응을 접할 때면 그 심정이 이해가 되면서도 무척 안타까웠어요. 우리 민족의 염원이었던 통일이 너무나 하기 싫은 숙제가 된 것 같아서 말이에요.

　한편으로 그 물음들에 잘 대답하고 싶은 마음이 커졌어요. 통일을 왜 해야 하는지, 통일을 하면 뭐가 좋은지, 이해하고 공감할 수 있는 답을 들려 주고 싶어졌지요. 이 책은 이런 고민에서 시작되었답니다.

저는 여러분이 이 책과 함께 통일이라는 즐거운 상상을 마음껏 펼쳐 봤으면 해요. 통일은 생각보다 신나고 즐거운 변화예요. 통일이 되었을 때 장점이 많을 뿐더러, 통일을 해 나가는 과정에서도 여러 가지 긍정적인 변화가 일어날 테니까요.

도대체 통일이 뭐가 그리 신나고 즐거운 일이냐고요? 그 답을 찾기 위해선 우선 우리 민족이 왜 갈라졌는지부터 살펴보아야 해요. 모든 문제는 사건의 출발점에서 비롯되니까 말이지요.

그럼 시계 바늘을 지금으로부터 70년 전으로 돌려 볼게요. 자, 함께 떠날 준비되었나요?

1 세계 유일의 분단국가, 대한민국

 우리나라는 왜 갈라졌을까?

35년간 일본의 식민지였던 우리나라는 1945년 8월 15일 꿈에도 그리던 광복을 맞이했어요. 미국과 소련 등 연합국의 공격에 일본이 항복을 선언하면서 한반도에서도 물러나기로 한 것이었지요. 일본의 탄압과 수탈에 시달리던 사람들은 감격의 눈물을 흘리며 거리로 쏟아져 나왔어요. 거리마다 태극기가 흩날리고 "대한독립 만세!"라고 외치는 함성이 울려 퍼졌지요.

우리 민족은 누구나 할 것 없이 하루빨리 자주 독립 국가를 세우겠다는 희망에 부풀어 있었어요. 하지만 기쁨도 잠시, 한반도는 혼란에 빠져 들었어요. 한반도에서 일본을 몰아내는 데 큰 역할을 한 미

국과 소련이 우리 민족이 스스로 나라를 유지할 능력이 없다며 5년간 신탁 통치를 해야 한다고 주장했거든요.

신탁(信 믿을 신, 託 부탁할 탁) 통치란, 나라를 다스릴 권한을 다른 나라에 맡긴다는 뜻이에요. 다시 말해 미국과 소련이 우리나라를 다스릴 권한을 갖겠다는 것이었어요.

사람들은 당연히 반발했어요. 겨우 나라를 되찾았는데 또 다른 나라의 지배를 받게 되는 셈이니까요. 스스로 나라를 유지할 능력이 없다는 것도 말이 되지 않았어요. 일본의 식민지가 되기 전까지 우리 민족은 무려 반만년 동안이나 우리 힘으로 나라를 세우고 살아왔으니까요.

우리 민족의 거센 반대에 미국과 소련은 신탁 통치 계획은 포기했지만 한반도에서 완전히 물러나진 않았어요. 무려 3년 동안이나 남북에 각각 군대를 주둔시키고, 나라 운영을 좌지우지했어요.

미국과 소련은 왜 한반도에서 물러나지 않았을까요? 그 답은 당시 세계 상황에 있답니다.

해방 당시 세계는 자본주의 진영과 사회주의 진영으로 나뉘어 있었어요. 자본주의와 사회주의는 각기 다른 생활 체제를 말해요. 먼저 자본주의는 개인이 자유롭게 경제 활동을 하

는 방식이에요. 내가 무슨 일을 할지, 번 돈을 어떻게 쓸지, 공장에서 어떤 물건을 얼마나 만들지 등을 마음대로 정할 수 있지요.

반면 사회주의는 국가가 경제 활동을 결정해요. 사람들은 국가가 정해 준 직장에서 국가가 정한 만큼의 월급을 받아요. 공장에서도 국가의 계획에 따라 물건을 만들고, 물건을 나누는 것 역시 국가의 몫이에요. 이런 나라를 공산 국가라고도 해요.

자본주의 진영과 사회주의 진영은 서로의 이념을 앞세우며 날카롭게 대립하고 있었어요. 이를 '냉전(冷 차가울 냉, 戰 싸울 전. 영어로는 'Cold War'라고도 한답니다.)'이라고 해요. 흔히 무기를 써서 싸우는 전쟁을 '열전(熱 뜨거울 열, 戰 싸울 전)'이라고 하는데, 이와 반대로 무기를 쓰지 않는 싸움이라는 의미로 냉전이라 이름 붙였어요.

자본주의 진영의 대표 격인 미국과 사회주의 진영의 대표 격인 소련은 한반도를 놓치고 싶지 않았어요. 한반도가 동아시아의 중심에 위치해 있어 한반도를 차지하면 동아시아를 손에 넣는 데 훨씬 유리했기 때문이었지요.

어느 쪽도 물러설 마음이 없었던 미국과 소련은 일본이 항복하자 한반도를 둘로 나누기로 했어요. 두 나라는 한반도를 남북으로 나누는 38선을 그었어요. 우리 민족의 뜻과 전혀 상관없이, 오직 미국과 소련의 이익에 따라 남북을 가르는 첫 번째 벽이 세워지고 말았지요.

이때까지만 해도 우리가 한 나라라는 인식에는 변함이 없었어요. 하지만 시간이 흐르면서 남과 북은 지리적인 분단을 넘어서 이념, 생활, 경제, 문화 등에서도 서서히 갈라지기 시작했어요. 남쪽에는 미국처럼 자본주의 국가를 세우자는 이들이 많았고, 북쪽에는 소련처럼 사회주의 국가를 세우자는 이들이 많았기 때문이에요.

양쪽은 한 치의 양보도 없이 팽팽하게 맞섰어요. 토론이 계속될수록 갈등은 커졌어요. 입장이 다르다는 이유로 상대방을 공격하는 일까지 일어났지요. 서로 자신에게 유리한 나라가 세워지길 바랐던 미국과 소련까지 끼어들면서 갈등과 대립은 더욱 심각해져 갔어요.

결국 1948년 8월 15일 남쪽에는 자본주의 체제에 기반을 둔 대한민국 정부가 들어섰고, 북쪽에는 그해 9월 사회주의 이념을 가진 이들이 조선민주주의인민공화국이라는 정권을 세웠어요. 1919년 4월 독립운동가들을 주축으로 대한민국 임시 정부가 세워졌음에도 한반도에 각기 다른 이념과 체제를 가진 두 정부가 들어서고 말았지요. 이렇게 해서 한반도를 가르는 두 번째 벽이 생기게 되었어요. 남에서는 대한민국을 줄여서 한국이라 부르고, 북에서는 조선민주주의인민공화국을 줄여서 조선이라고 불렀어요. 남과 북의 정부는 상대방을 인정하지 않았어요. 우리는 북쪽도 한국의 일부라 여겨 북한이라고 부르고, 북에서는 남쪽을 자신의 일부라고 주장하며 남조선이라고 부르게 되었답니다.

분단의 결정적 계기, 한국 전쟁

논쟁과 대립 속에 따로 세워진 남한 정부와 북한 정부는 사이가 나쁠 수

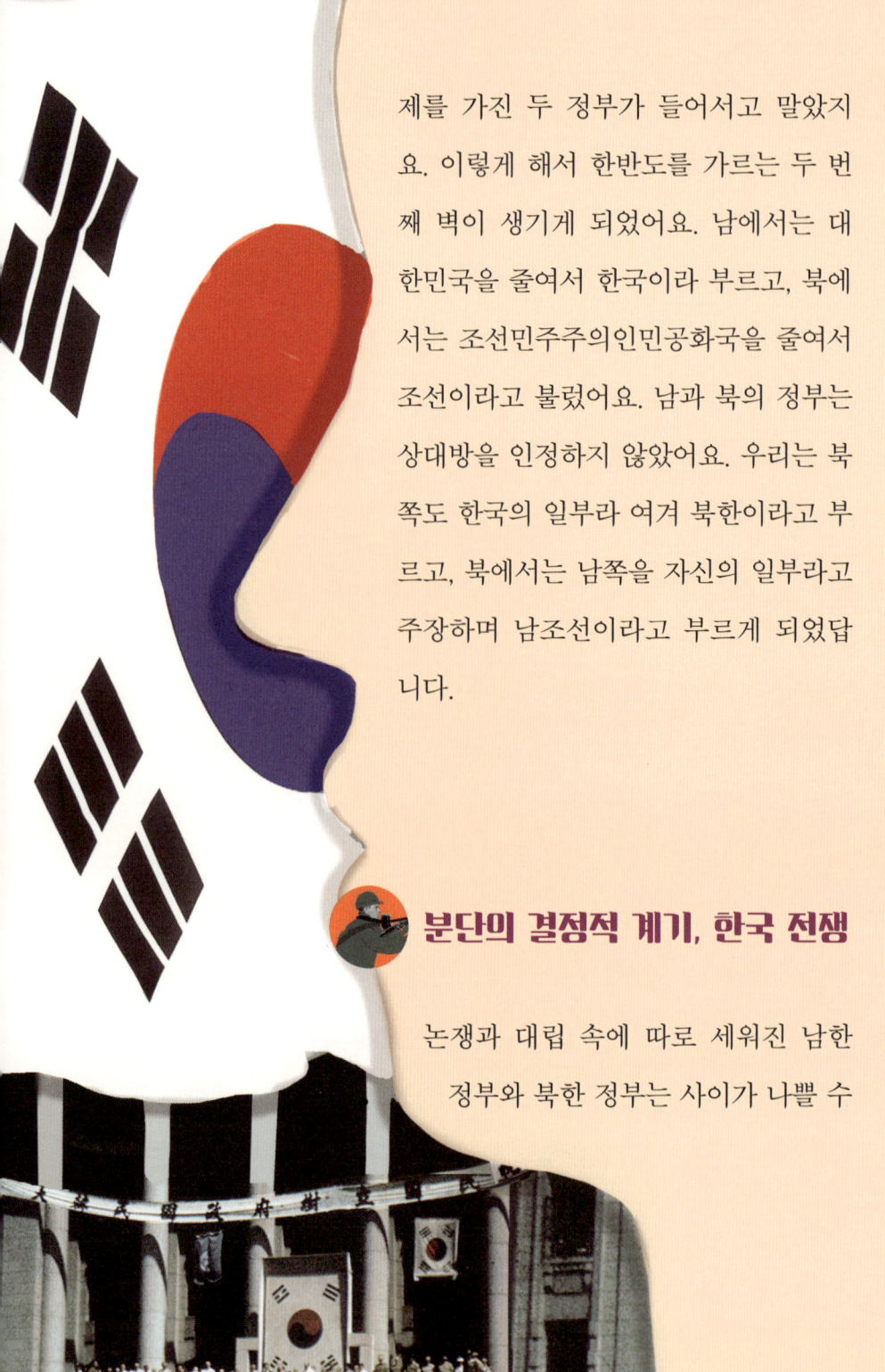

밖에 없었어요. 서로 비난하고 무시하는 것은 물론, 상대를 쓰러뜨리고 통일 국가를 만들어야 한다고 주장했어요. 38선 주변에서는 크고 작은 무력 충돌이 끊이지 않았지요.

충돌이 갈수록 심해지던 1950년 6월 25일, 북한이 남한을 대대적으로 공격했어요. 남한을 점령해 한반도 전체를 공산 국가로 만들겠다는 뜻이었어요. 이것이 우리 민족 최대의 비극인 한국 전쟁의 시작이랍니다.

북한 군대는 파죽지세의 기세로 밀고 내려왔어요. 단 사흘 만에 서울을 점령하고, 보름 만에 부산과 대구를 제외한 대부분의 지역을 차지했지요. 한반도에 공산 국가가 세워지는 것은 시간문제로 보였어요. 이를 두고 볼 수 없었던 자본주의 진영의 나라들은 북한 군대를 물리치기 위해 국제기구인 국제 연합(UN)을 통해 군대를 보내기로 했어요. 맥아더 사령관이 이끄는 유엔군의 인천

상륙 작전이 성공하면서 북한군은 압록강까지 후퇴했어요.
그러자 이번엔 사회주의 진영의 강대국이면서 북한의 이웃 국가인 중국(당시에는 '중공'이라고 불렀어요. '중국 공산당'을 뜻하기도 하고, 중국의 정식 명칭인 '중화인민공화국'을 줄인 말이기도 하지요.) 이 북한을 돕기 위해 엄청난 수의 군인들을 보냈어요. 남한과 유엔 군대는 다시 남으로 물러났고, 양측은 38선을 경계로 치

열한 싸움을 벌였어요.

 밀고 밀리는 접전이 계속되면서 유엔군이나 공산군이나 모두 심각한 피해를 입었어요. 부담을 느낀 남과 북은 전쟁이 일어난 지 3년 만인 1953년 7월 정전 협정을 맺었어요. 전쟁을 완전히 끝낸 것이 아니라 잠시 중단하기로 한 것이지요. 전쟁을 잠시 쉬는 것이라 해서 휴전(休쉴 휴, 戰 싸울 전) 협정이라고도 해요.

 전쟁이 길었던 만큼 협정을 맺는 데도 적잖은 시간이 걸렸어요. 어느 쪽도 양보할 생각이 없었기 때문이에요. 남북을 어떻게 나눌지 정하는 데만도 몇 달이 걸렸어요. 결국 당시 남

한 군대와 북한 군대가 차지하고 있던 지역을 기준으로 휴전선을 긋기로 했어요. 이렇게 해서 38선에 이어 남북을 가르는 벽이 또 하나 생겼지요.

3년간 한반도를 휩쓴 한국 전쟁의 피해는 그야말로 어마어마했어요. 남북을 통틀어 130만 명이 넘는 군인들이 죽거나 다쳤어요. 민간인들의 피해는 더욱 심각해서 260만 명에 달하는 사상자가 발생했지요. 실종된 군인과 민간인까지 합하면 500만 명이 훌쩍 넘는다고 해요. 당시 남북한 전체 인구가 약 3천만 명이었으니 전 국민의 1/6에 해당하는 엄청난 수치지요. 한 가족 당 한 명 이상이 죽거나 다치고 실종된 셈이에요.

경제적인 피해도 심각했어요. 도로와 주택, 학교와 공장, 철도와 항만 시설이 대부분 파괴되면서 사람들이 먹고살 수 있는 기반이 완전히 망가져 버렸어요. 복구하는 데 최소한 100년은 걸리리라는 예측이 나올 정도로 한반도는 황폐해졌어요. 먹을 것이 없어 굶어 죽는 사람들이 부지기수였고, 기본적인 생활필수품조차 구하지 못해 다른 나라의 원조에 의지해야만 했어요.

우리 민족에 씻을 수 없는 상처를 남긴 한국 전쟁은 남과 북이 단순히 지리적으로만이 아니라 문화적, 심리적으로도 갈라지는 결정적 계기가 되었어요. 이전까지는 생각과 이념이 달라도 우리는 한 동포라는 믿음이 있었어요. 하지만 서로에게 총부리를 겨누고 난 후에는 그런 믿음이 많이 옅어졌어요. 피를 나눈 동포가 아니라 내 가족과 이웃을 죽이고, 삶의 터전을 무너뜨린 적이 되어 버렸지요. 남과 북 사이에는 어느 때보다 높고 단단한 벽이 세워지고 말았어요.

 **적이 되어 버린 남과 북**

전쟁이 끝난 후 남한과 북한은 자신만이 한반도에서 유일하게 정통성을 가진 국가라고 주장했어요. 상대를 무너뜨리겠다며 경쟁적으로 무기를 사들이고, 무기 개발과 군사 훈련에 열을 올렸지요. 서로를 깎아내리는 데 혈안이 되어 악의적인 소문을 퍼뜨리기도 했어요.

북한은 남한을 거지들이 득실거리는 미국의 식민지라고 비난했어요. 거꾸로 우리 사회에서도 북한에 대한 비난이 어찌나 심했던지, 북한 사람은 모두 뿔 달린 도깨비인 줄 아는 남한 어린이들이 적지 않았답니다.

무력 충돌도 계속되었어요. 휴전선 주변에서는 물론이고 후방에까지 무장 간첩을 보내 사람들을 공격하거나 건물을 파괴하는 등 사회를 혼란스럽게 하려는 시도도 잇따랐어요. 계속되는 충돌과 도발로 남북 관계는 걷잡을 수 없이 악화되었어요.

남과 북이 관계를 개선하려는 시도는 전쟁이 끝난 지 20년이 흘러서야 이루어졌어요. 그나마도 남한과 북한의 뜻이 아니라 국제적 상황 때문이었지요.

당시 자본주의 진영과 사회주의 진영 사이에는 화해 분위기가 조금씩 자리 잡고 있었어요. 1972년 2월 미국의 닉슨 대통령이 영원한 원수처럼 여기던 중국을 방문했어요. 늘 으르렁대던 두 진영이 대화와 교류를 시작했지요. 이러한 변화에 걸맞게 남북 관계도 달라져야 한다는 주변 국가들의 요구가 커졌고, 남과 북도 대화와 화해의 필요성을 느끼면서 대화를 시작했어요.

그 결과가 1972년 7월 4일, 남북한이 동시에 발표한 7.4 남북 공동 성명이에요. 서울과 평양에서 동시에 발표된 공동 성명은 남북한 국민들은 물론 전 세계인을 깜짝 놀라게 했어요. 관계가 단절되다시피 했던 상황에서 남북이 함께 발표한 최초의 합의였기 때문이었지요.

남북은 자주, 평화, 민족 대단결을 통일의 3대 원칙으로 삼고, 무력 도발과 비방을 멈추기로 했어요. 경제, 문화 등 다방면에서 교류도 하기로 했지요. 얼마 후 발표대로 남북 대표단

이 평양과 서울을 오가며 대화를 시작하자 사람들은 기대에 한껏 부풀었어요. 금방이라도 통일이 될 것만 같았거든요.

하지만 화기애애한 분위기는 오래 가지 않았어요. 남북이 상대의 말을 들어 보려는 노력 없이 자기주장만 내세웠기 때문이에요. 남북은 서로 통일의 의지가 없다며 상대를 비난했지요. 결국 대화는 금세 중단되었고, 서로에 대한 불신과 불만만 커졌어요.

 ## 햇볕정책, 북한의 외투를 벗기다

남북 관계가 진정으로 달라지기 시작한 것은 1998년 김대중 정부가 햇볕정책을 본격적으로 추진하면서부터였어요.

햇볕정책이란 이름은 이솝 우화에서 유래되었어요. 바람과 태양이 두꺼운 외투를 입은 나그네를 보고 누가 먼저 외투를 벗기나 내기를 하지요. 바람은 자신만만하게 입김을 세차게 불었어요. 외투를 단번에 날려 버릴 심산이었지만 나그네는 잔뜩 웅크린 채 외투를 꽁꽁 여밀 뿐이었어요. 이번엔 태양이 나섰어요. 태양은 따뜻한 햇살을 부드럽게 비추었지요. 더워진 나그네는 외투를 벗었고, 결국 태양이 내기에서 이겼다는 이야기예요.

햇볕정책은 우화 속 태양처럼 대화와 협력을 통해서 북한의 변화를 이끌어 내고, 남북이 함께 평화와 번영을 누리고자 하는 정책이에요. 언제 전쟁이 일어날지 모르는 불안한 한반도가 아니라 남북 국민 모두가 안정되고 풍요롭게 살 수 있는 평화의 한반도를 만들겠다는 것이지요. 물론 만만치 않은 도전이었어요. 남북은 대화보다는 대결에 익숙했고 서로를 믿지 못하는 상태였기 때문이었지요.

김대중 정부는 쉽고 간단한 것에서부터 시작하기로 했어요. 우선, 식량난에 시달리던 북한에 식량과 비료, 의약품을 보냈어요. 굶주리고 아픈 북한 주민들을 위해 인도주의 정신과 동포애를 발휘한 것이지요.

다음은 경제 협력이었어요. 남한의 기업인들이 북한을 자유롭게 오가며 투자를 할 수 있도록 했어요. 1998년 한국의 대표적 기업가인 정주영 현대그룹 명예 회장이 소 떼 천 한 마리를 끌고 북한을 방문한 사건이 신호탄이 되었어요. 이후 현대그룹은 북한과 금강산 관광 사업을 함께하기로 했고, 그해 11월 금강산 관광이 처음으로 시작되었지요. 현대그룹을 비롯한 많은 기업들이 북한과의 경제 협력을 활발히 모색하기 시작했어요.

2000년 6월에는 분단된 지 55년 만에 처음으로 남북의 최고 지도자들이 만났어요. 햇볕정책이 마침내 북한의 마음을 연 거예요. 남한의 김대중 대통령과 북한의 김정일 국방위원장이 환하게 웃으며 손을 맞잡는 모습은 전 세계에 놀라움과 감동을 안겨 주었어요.

이때 발표한 6.15 남북 공동 선언 역시 세계를 놀라게 했어요. 남북이 화해 협력의 시대를 열자고 합의했을 뿐만 아니라 서로의 통일 방안을 조율해 합리적인 방안을 찾기로 약속했기 때문이에요. 서로 자기 방식만 옳다고 주장했던 과거와 달리, 상대의 주장에 그만큼 귀를 기울인 결과였어요.

이후 들어선 노무현 정부에서도 햇볕정책을 계승해 한반도의 평화와 번영을 위한 노력을 지속적으로 기울이면서 남북은 한층 더 가까워졌어요. 38선이 그어지면서 끊겼던 철도와 도로가 다시 연결되고, 개성에는 남북 노동자들이 함께 일하는 공단이 생겼지요.

드문드문 열리던 남과 북의 이산가족 상봉도 정기적으로 이루어졌고, 이전보다 더 많은 사람들이 상봉하게 되었어요.

남북 교류도 활발해졌어요. 북한에서 난 고사리와 바지락이 남한의 식탁에 오르고, '대한민국'이라는 글자가 선명히 새겨진 남한의 쌀 포대가 북한으로 보내져 허기진 북한 주민들의 식량이 되었지요.

국제 무대에서 남북이 어깨를 나란히 하는 일도 늘어났어요. 2000년 시드니 올림픽에서 남북 선수단이 한반도가 그려진 한반도기를 들고 함께 입장한 것을 시작으로, 이후 스포츠 행사에서 남북 선수단이 함께 입장하고 공동 응원전을 펼치며 한민족의 우애를 다지는 경우가 많아졌어요.

남북 교류가 활발해지면서 서로에 대한 거리감도 줄어들었어요. 많은 사람들이 남과 북을 왕래하고 교류하다 보니 서로에 대한 이해의 폭이 넓어진 탓이에요. 탈북자들을 대상으로 한 설문 조사에서도 북한 사람들이 남한을 친구로 생각한다는 답변이 많아졌지요. 이렇게 북한이 둘러쓰고 있던 두껍고 단단한 외투가 서서히 벗겨지기 시작했어요.

다시 얼어붙은 남북 관계

하지만 2008년 들어선 이명박 정부는 햇볕정책을 중단했어요. 북한이 핵무기 개발을 포기하지 않는다는 이유였어요. 이명박 정부는 북한이 핵을 포기해야만 경제 협력과 지원을 계속하겠다는 입장을 밝혔어요. 북한이 먼저 변해야 우리도 변한다는 논리였지요.

이명박 정부의 뒤를 이은 박근혜 정부도 마찬가지였어요. 대화와 협력으로 북한의 도발을 줄이고, 핵무기 개발도 막자는 햇볕정책과는 정반대의 정책을 펼쳤어요.

이러한 정책이 북한을 변화시켰을까요? 안타깝게도 결과는 그렇지 못했어요. 오히려 북한은 2007년 남북과 미국, 중국 등 주변 여섯 국가가 모여 핵 개발을 중단하고 대화를 하기로 한 '2.13 합의'를 깨고, 2009년 5월부터 핵 실험을 다시 시작했어요. 2006년 10월 첫 번째 핵 실험 이후 추가로 다섯 차례나 핵 실험을 하며 파괴력이 더 큰 핵무기를 개발하는 데 진력을 들였어요. 군사적 충돌도 다시 늘어났지요. 그로 인해 남북의 젊은 병사들이 희생되는 안타까운 일이 벌어지고 말았어요.

2016년 2월 북한이 핵 실험을 하고 장거리 로켓을 발사하자 박근혜 정부는 남북 교류의 마지막 보루라고 할 수 있는 개성공단을 닫아 버렸어요. 어떤 경우에도 개성공단만은 정상 운영하자고 먼저 제안한 쪽은 남측 정부였어요. 그럼에도 약속을 깨 버렸지요. 북한 역시 지지 않고 개성공단의 남한 기업들에 철수할 시간도 충분히 주지 않고 쫓아내고, 남북 간 비상 연락망마저 끊어 버렸어요.

2016년 9월, 북한은 5차 핵 실험을 했어요. 같은 해 1월 4차 핵 실험을 한 지 불과 여덟 달 만에 다시 핵 실험을 한 거예요. 핵 실험을 막기 위해 개성공단을 닫고, 국제 사회까지 나서 경제적인 압박을 가했지만 북한은 전혀 아랑곳하지 않았어요.

북한이 미국을 겨냥할 수 있을 만큼 높은 성능의 미사일을 개발했다는 보도까지 나오면서 그간의 강경책이 효과가 없었다는 비판이 쏟아졌어요. 대화의 창구를 모두 닫고 오직 제재만 가하는 정책이 오히려 북한을 자극해서 핵 개발만 촉진시킨 것 아니냐는 우려가 높아졌지요. 결과적으로 남북 간 화해 분위기는 온데간데없이 사라졌고, 남북은 다시 적이 되어 버렸어요. 남북 관계가 수십 년 전으로 후퇴한 셈이에요. 지금까지도 남북 관계는 풀릴 기미를 보이지 않은 채 평행선만 긋고 있답니다.

여러분은 어떻게 생각하나요? 북한이 핵을 포기할 때까지 북한을 계속 압박해야 할까요? 아니면 필요에 따라 압박도 해야 하지만 근본적으로 대화와 협상을 통해 문제를 풀어야 할까요? 어느 쪽이 한반도의 평화와 통일을 위해 더 바람직한 길일까요?

왜 우리나라만 분단국가로 남게 되었을까?

엄마, 분단국가가 뭐야?

본래 하나의 나라였는데 서로 생각이 달라서 각각 다른 나라로 나뉜 나라를 말해.

생각이 달라서 나뉘었다……. 근데 세계에서 우리나라만 분단국가야?

안타깝게도 그렇대.

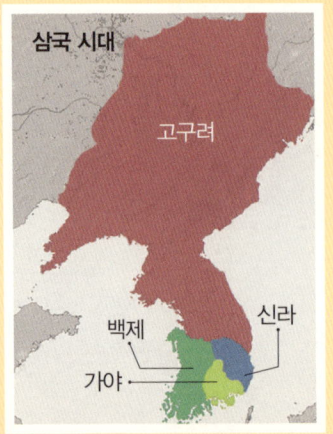

우리나라와 북한은 오천여 년의 역사를 함께 했어. 남과 북으로 나누어진지는 고작 60여 년밖에 되지 않았지. 물론 그동안 한반도에 한 나라만 있었던 것은 아니야. 삼국 시대에도 고구려, 백제, 신라로 나뉘었었고, 또 발해와 신라로 나뉜 적도 있었지.

우리 민족이 함께 한 3.1 운동

시드니 올림픽 남북한 동시 입장

독립을 위해 일한 광복군

신탁 통치 반대 운동   안타까운 남북의 현재 모습

우리 민족이 함께 맞이한 8.15 해방

> 그런데 옛날에는 서로를 적대시하지 않았어. 오히려 최근 들어 북한은 남한을 미국의 하수인, 남한은 북한을 주적이라고 하면서 못 잡아먹어서 안달이지.

> 그럴 필요가 있을까? 불과 백 년 전만 해도 함께 힘을 모아 독립운동까지 했는데 말이야.

함께 생각하기

우리나라가 분단된 결정적인 이유는 무엇일까?
분단되지 않았다면 지금 우리는 어떻게 살고 있을까?

2 북한은 어떤 나라일까?

 ## 수령의 나라

'북한'하면 가장 먼저 무엇이 떠오르나요? 아마도 김일성이나 김정일, 혹은 김정은이라고 답하는 친구들이 많을 거예요. 북한에서 최고 지도자의 영향력이 그만큼 막강하기 때문이에요.

북한 사회는 최고 지도자를 중심으로 이루어져 있어요. 북한의 최고 지도자를 '수령'이라고 하는데 수령은 우리나라의 대통령이나 다른 공산 국가의 공산당 총비서와는 달라요.

이를테면 우리나라 대통령은 행정부의 우두머리로 행정에 관한 권한을 가져요. 사법이나 입법에 있어서는 권한이 제한되어 있지요. 하지만 북한의 수령은 행정, 사법, 입법 모든 분야에서 절대적인 권한을 가져요.

또 다른 공산 국가에서는 당의 논의를 통해 다음 총비서를 결정하지만 북한에서는 수령의 아들이 후계자가 돼요. 선거를 치르긴 하지만 형식적인 절차일 뿐, 수령이 자신이 유능하다고 판단하는 아들을 골라 지목하지요. 김일성은 장남 김정일을, 김정일은 셋째 아들인 김정은

을 후계자로 정했어요. 후계자가 되면 수령 곁에서 통치 경험을 쌓다가 수령의 자리에 오르게 된답니다.

한번 수령의 자리에 오르면 죽기 전까지 절대적인 지위와 권력을 누려요. 주민들에게는 무엇이든 할 수 있는 절대적인 존재로 여겨지지요. 호칭도 일반 국가에서 보기 어려운 극존칭을 사용해요. 김일성은 영원한 수령, 김정일은 영원한 수반, 현재 북한의 수령인 김정은은 '경애하는 최고 영도자'라는 수식어를 앞에 붙여서 불러요. 형식적인 선거를 치른다는 점만 빼면 사실상 조선 시대 왕과 비슷하다고 볼 수 있지요.

수령의 절대적 권력을 뒷받침해 주는 것이 조선노동당이에요. 다른 정당이 있긴 하지만 권력을 잡기 위해서 경쟁하는 것이 아니라 모두 조선노동당을 지지하고 있어 조선노동당이 북한 유일의 지배 정당이지요.

조선노동당은 모든 권력의 중심이라고 할 정도로 막강한 권한을 가지고 있어요. 북한의 모든 국가 기관과 군대, 공장, 학교, 농장은 조선노동당의 지도에 따라 움직여요. 헌법에도 "조선민주주의인민공화국은 조선노동당의 영도 밑에 모든 활동을 진행한다."라고 적혀 있어요. 나라보다 정당이 우선인 셈이지요.

최근에는 국가 기관의 독자적인 권한도 늘고 있지만 북한에서는 여전히 수령과 조선노동당의 영향력이 절대적이랍니다.

 통제와 검열이 심한 나라

수령은 정치뿐만 아니라 경제, 문화, 사회, 심지어 일상생활에서조차 절대적인 존재예요. 수령을 받들고 북한 체제를 유지하는 것이 북한 사회의 첫 번째 목표지요. 수령을 비판하거나 사회를 혼란스럽게 하는 행동은 금지되어 있어요. 사회 전반적으로 강력한 통제가 이루어지고 있는 것이지요.

이를 위해 북한에서는 어릴 때부터 조직 생활을 하도록 해요. 조직을 통해 북한 사회가 요구하는 사상과 이념을 효과적으로 전달하고, 다른 생각을 갖지 못하게 하려는 거예요.

만 7세가 되면 의무적으로 조선소년단에 가입해야 해요. 조선소년단은 남한의 걸스카웃이나 청소년연맹 같은 청소년 단체예요. 소년 단원이 되면 소년단 규약과 의무대로 생활해야 해요. 붉은색 삼각 넥타이와 횃불 모양의 배지를 착용하고, 인사를 할 때도 손을 머리 위로 올리는 소년단식 경례를 해야 하지요.

 나이를 먹으면 그에 해당하는 또 다른 조직에 들어가요. 평생 조직 생활을 하면서 수령과 국가에 대한 충성심을 다지지요. 조직 생활을 중시하는 만큼 개인의 자유는 제한될 수밖에 없어요. 특히 다양한 의견을 듣고 말할 수 있는 언론의 자유는 엄격히 제한되고 있어요.

가장 자유로운 영역이어야 할 문화 예술도 마찬가지예요. 남한에서 예술은 예술가들이 창의력을 발휘해 사람들에게 재미와 감동을 안겨 주는 것이 주요 목적이에요. 반면 북한의 예술은 수령의 위대함을 부각시키고 자기 체제의 우수함을 선전하는 것을 목표로 삼고 있어요. 북한 체제나 수령에 비판적인 내용을 담고 있으면 처벌을 받게 된답니다. 그러다 보니 내용이 거의 비슷비슷해요. 북한을 세운 김일성의 항일 무장 투쟁을 다루거나 수령의 일대기를 그리는 작품, 남한과 자본주의 사회를 비난하는 작품들이 대다수를 이루고 있어요.

 ## 경제적 위기를 겪는 나라

북한은 현재 심각한 경제 위기에 빠져 있어요. 북한 경제는 다른 나라의 지원이 없으면 유지가 안 될 정도로 어려워졌답니다. 1960년대까지만 해도 남한보다 잘산다고 큰소리쳤던 북한이 왜 이렇게 힘들어진 걸까요?

첫째, 북한 경제의 특성 때문이에요. 사회주의 국가인 북한은 국가가 경제 활동을 계획하고 결정해요. 생산에서부터 분배, 소비, 교환에 이르기까지 모든 생산 활동이 국가의 주도로 이루어지지요. 이러한 경제 방식은 빈부 격차를 막고 모두가 잘사는 사회를 만들겠다는 목표 아래 만들어진 것이지만 자발적으로 일하려는 의욕을 떨어뜨리고, 창의적인 활동도 줄어 결과적으로 경제 발전에 어려움을 겪게 된답니다.

경제 활동 전반을 국가가 계획한다는 것도 쉽지 않아요. 생각해 보세요. 일상생활에 필요한 물건만도 수천 가지에 이르는데 이걸 다 국가가 일일이 파악해서 생산량과 소비량을 정확히 정할 수 있을까요? 반드시 남거나 부족한 물품이 생기게 되는데, 생산이 계획에 어긋나면 이후 분배와 소비도 계획대로 이루어지기 힘들어요. 결국 경제 전체가 혼란스러워지게 되지요.

그런데다 북한은 자급자족식 경제를 유지하려고 노력했어요. 다른 나라의 지원이 끊기더라도 살아남을 수 있도록 스스로 모든 것을 만들어 쓰려는 생각이었지요. 언뜻 바람직하게 들릴지 모르지만 이는 비효율적인데다 사실상 불가능한 목표예요.

현대 사회는 국제적 차원의 분업이 이루어지고 있어요. 자동차를 잘 만드는 나라에서는 자동차를 만들고, 컴퓨터를 잘 만드는 나라에서는 컴퓨터를 만들어 서로 사고팔아요. 각국이 뛰어난 영역에 자원과 인력을 집중하니 그만큼 효율성이 높아지지요.

잘하는 과목만 열심히 공부해 좋은 점수를 받기는 쉽지만, 못하는 과목까지 함께 공부해 좋은 점수를 받으려면 어렵잖아요. 비유하자면 북한은 전 과목을 열심히 공부해 모두 백 점을 맞으려는 학생인 셈이지요.

부족한 자원이나 물품은 직접 만들고, 기술도 다른 나라의 앞선 기술을 들여오기보다 스스로 개발하려고 해요. 그러다 보니 기술 개발도 오래 걸리고, 생산품의 질과 수량도 다른 나라에 비해 떨어질 수밖에 없어요.

둘째, 수령 중심의 사회적 특성 때문이에요. 앞서 말했듯 북한은 수령을 위한 사회예요. 사회 전체가 수령을 중심으로 돌아가지요. 경제 역시 마찬가지예요. 자본주의 국가인 남한에서는 돈을 많이 벌고 효율성을 높이는 것이 경제 활동의 중요한 목적이지만, 북한에서는 수령을 받들고 북한 사회를 유지하는 데 막대한 비용을 쓰고 있어요. 순수하게 경제 활동에 쓸 수 있는 돈은 점점 줄어드는 셈이지요.

이런 상황에서 북한은 경제 규모에 비해 국방비에 너무 많은 돈을 들이고 있어요. 북한은 국방비를 외부에 밝히지 않기 때문에 북한의 국방비가 정확히 얼마인지는 알 수 없어요. 다만 전문가들은 북한이 전체 국가 예산의 15% 내외를 국방비로 쓴다고 보고 있어요. 그렇다고 해도 남한 국방비의 1/10도 안 되는 적은 돈이지만, 북한으로서는 큰 규모의 지출이라고 할 수 있지요. 경제가 힘들어지면 그에 맞게 예산을 조정하고 씀씀이를 줄여야 하는데 북한은 국방비만은 그대로 유지하고

있어요. 그러다 보니 북한 경제는 더욱 나빠지고 있어요.

셋째, 북한을 둘러싼 외부 환경이 나빠졌기 때문이에요. 과거 사회주의 진영이 탄탄할 때는 자기들끼리 교역을 하며 서로를 도왔어요. 강대국이 약소국에 물건을 싼값에 팔거나 물물 거래를 해 주는 식으로 원조했지요. 북한 역시 소련과 중국으로부터 많은 도움을 받았어요. 하지만 사회주의 국가들이 잇따라 무너지고 경제 사정이 나빠지면서 북한에 도움을 줄 나라들이 사라졌어요.

게다가 1990년대부터 북한이 핵무기 개발을 시도하면서 북한과 경제 협력을 하려는 나라는 더욱 줄었어요. 특히 2009년부터는 북한의 연이은 핵 실험에 대항해 유엔 차원에서 경제적 압박을 가했지요.

엎친 데 덮친 격으로 자연재해가 계속되고 있어요. 1995년에는 500밀리리터가 넘는 폭우가 무려 20일이나 계속되기도 했어요. 대부분의 농경지가 물에 잠기면서 그해 북한은 유례없는 식량난에 시달리게 되었어요. 수백만 명이 영양실조에 걸리고 또 많은 사람들이 굶어 죽었다고 해요. 이처럼 안팎으로 어려움을 겪으면서 북한 경제는 더욱 쪼그라들 수밖에 없었답니다.

 **군대의 나라**

　사회주의 진영이 무너지고 경제적인 어려움이 커지면서 북한은 더욱 군사력 강화에 열을 올렸어요. 정치적으로도, 경제적으로도 실패한 북한이 체제를 지킬 수 있는 유일한 길이라고 생각한 결과지요.

　김정일은 군대를 중심으로 북한을 이끌었어요. 적과 맞서 살아남으려면 군사력이 가장 중요하니 경제보다 군사가 우선이 되어야 한다고 주장했지요.

　김정일은 군대의 역할을 강조하고 군인들의 위상을 높여 줬어요. 군대가 열을 맞춰 행진하는 열병식이 가장 중요한 대중 행사가 되었고, 군대 간부들의 노동당 내 서열도 높아졌지요. 농장에도 군인들을 파견해 생산량을 늘리고, 평범한 주민들에게도 군인 정신을 강요했어요.

　핵무기 개발에도 박차를 가했어요. 앞서 말했듯 과거부터 북한은 국방을 중요시해 핵무기를 비롯한 다양한 무기 개발에 힘썼어요. 하지만 경제난에 시달리게 되면서 핵무기에만 집중하게 되었지요. 상대적으로 비용이 적게 들면서 위력은 막강하기 때문이에요. 무엇보다 세계 최고의 강대국인 미국의

견제를 받고 있다 보니 북한으로서는 핵무기처럼 강력한 무기가 아니면 안 된다고 판단한 거예요.

북한 전체가 군대처럼 엄격하고 일사불란하게 움직이게 되었어요. 사회 분위기는 더욱 굳어졌고, 주민들은 더욱 통제된 생활을 하게 되었답니다.

 **변화하는 북한**

오랜 경제난과 엄격한 통제는 수령을 중심으로 뭉쳐 있던 북한 사회를 통째로 흔들어 놓았어요. 배고픔조차 해결해 주지 못하는 수령에 대한 신뢰가 떨어진 거예요. 김일성과 김정일에 대한 존경심이 약해지고, 수령과 조선노동당을 비판하는 목소리도 조금씩 흘러나왔어요. '누가 지도자가 되든 밥만 먹여 주면 된다.'는 생각이 강해졌어요.

수령이 자신들을 구해 주리라는 믿음이 사라진 사람들은 스스로 움직이기 시작했어요. 원래 북한에서는 식량과 의복 같은 생필품을 정부에서 나눠 주었어요. 하지만 경제난이 심각해지면서 제대로 배급이 이루어지지 않았지요.

사람들은 자신이 가진 식량과 생필품을 가지고 광장으로 나갔어요. 물물 교환을 통해 부족한 것들을 해결하려고요. 많은 사람들이 모여들었고, 사람들은 이를 '장마당'이라 불렀어요.

장마당의 등장은 굉장한 변화였어요. 사회주의 국가에 자본주의의 대표적인 현상인 시장이 들어섰으니까요. 북한 정부는 장마당을 통제하기 위해 단속과 처벌을 실시했지만 사람들을 막을 수 없었어요.

직접 생필품이나 음식을 만들어 파는 사람들도 생겨났어요. 빵이나 과자, 술과 같은 식품, 옷과 신발, 가구 같은 것들은 물론이고, 페니실린이나 아스피린 같은 약을 만들어 파는 이들도 있다고 해요. 이런 활동 역시 국가가 모든 생산과 소비 활동을 전담하는 북한에서는 엄격히 금지되어 있지만 완전히 통제하기가 어려울 정도로 많아졌다고 해요.

개인이 산이나 하천 주변의 빈터를 밭으로 일구는 뙈기밭도 늘어났어요. 원래 북한에서는 모든 땅이 국가나 집단의 소유예요. 자기 집 앞의 텃밭을 세외하고는 개인이 땅을 가지는 것이 금지되어 있지요. 농사도 협동 농장에서만 지어야 해요.

하지만 먹을 것이 없어지자 사람들은 비어 있는 땅을 일궈

농사를 지었어요. 문제가 되더라도 굶어 죽는 것보다는 낫다고 생각했기 때문이에요. 이 또한 과거 북한에서는 상상조차 하기 힘든 모습이었어요.

2011년 12월, 김정일의 뒤를 이어 수령이 된 김정은은 이전의 수령들과는 달리, 경제 분야에 있어서 개방적인 태도를 취했어요. 외국 투자를 적극적으로 받아들이고 교역을 권장하는 것은 물론, 장마당도 제도적으로 허용했지요.

최근에는 북한 전체에서 400곳 이상의 장마당이 정규 시장으로 발전해 열리고 있다고 해요. 남한처럼 땅이나 주택을 사

고팔거나 저금이나 대출을 하는 모습, 벌이가 어려워진 주민들이 각자 일자리를 구하는 모습도 심심치 않게 볼 수 있어요.

뿐만 아니라 공장과 농장에서 일하는 노동자, 농민들에게도 정해진 급여 대신 일한 만큼 월급을 높여 주는 인센티브 제도도 확대하고 있어요. 자본주의 경제 체제의 장점을 받아들여 북한 경제를 개선하는 것이지요. 이런 움직임 덕분에 북한 경제는 최악의 식량난에서 벗어나 조금씩 살아나려는 조짐을 보이고 있어요.

북한 어린이들은 어떻게 살고 있을까?

북한 어린이들도 학교에 가요. 남한의 초등학교를 북한에서는 인민학교 또는 소학교라고 부르지요. 소학교에서 4년간 공부한 뒤 중학교로 올라가 6년 동안 공부를 해요. 북한의 중학교는 우리나라의 중학교와 고등학교를 합친 것과 비슷해요.

소학교 학생들은 보통 정해진 곳에 모여 함께 등교해요. 학교에 도착하면 우선 수령 김일성과 김정일의 말씀을 읽는 '독보회'를 가져요. 수업은 보통 8시부터 시작해요. 우리와 비슷하게 45분간 수업하고, 10분 동안 쉬어요. 배우는 과목도 국어와 수학, 영어, 도덕 등으로 우리와 비슷하지요. 수령이 중요한 사회이니만큼 여기에 수령의 어린 시절이나 혁명 활동 등을 배우는 과목들이 추가되고요. 쉬는 시간이면 복도나 운동장에 나가 신나게 뛰어노는 건 북한 친구들도 똑같지요.

수업은 오전이면 끝나요. 학교가 끝났으니 학원에 가냐고요? 북한에는 공식적으로 학원이나 과외가 없답니다. 그러나 최근 들어서는 북한에서도 학원과 과외가 조금씩 생겨나고 있다고 해요. 하지만 정부에서 금지하고 있기 때문에 몰래 이루어지고 있지요.

우리가 북한에 대해 알고 있는 것처럼 북한 어린이들도 남한을 알고 있어요. 지리 시간에 남한에 해당하는 한반도의 중부, 남부 지역의 특성을 배우기도 하고요. TV나 영화, 인터넷을 통해 남한의 여러 모습을 접하기도 하지요.

북한 어린이들도 인터넷을 하냐고요? 원래 북한에서는 인터넷 사용이 엄격히 제한되었어요. 하지만 조금씩 자유로워지고 있어요. 남한만큼은 아니지만 북한에서도 IT 분야를 발전시키기 위해 많은 노력을 기울이고 있거든요. 학교에 컴퓨터실을 만들고 컴퓨터 교육을 늘리고 있어요. 집에 컴퓨터가 있는 학생들도 많아지고, 컴퓨터 게임을 취미로 즐기는 친구들도 생기고 있지요.

앞으로 북한의 인터넷이 더욱 활발해지고 남북 관계가 개선되면 언젠가는 북한 친구들과 이메일을 주고받고, SNS 친구가 될 수도 있을 거예요. 어때요, 생각만 해도 신나지 않나요?

악! 벌써 끝났나 봐. 남한 드라마는 왠지 더 짧게 느껴져.

그치? 재밌어서 시간 가는 줄 모르겠어.

현동이한테 메일이 왔네. 저번엔 내가 도움을 받았으니 이번엔 내가 도와줄게. 현동아.

미애한테 지리 숙제 도와 달라고 해야겠다. 울진에 사니까 원전 문제를 잘 알겠지? 남한 친구가 있어 든든해.

함께 생각하기

통일 된다면 북한에 있는 친구들과 편하게 잘 지낼 수 있을까? 그러려면 어떻게 해야 할까?

3 통일, 꼭 해야 할까?

 ## 지금 이대로도 괜찮지 않아?

"통일을 꼭 해야 하나요? 그냥 이대로 살면 안 돼요?"

아마도 이렇게 생각하는 친구들이 많을 거예요. 전쟁을 겪고 분단의 아픔을 생생하게 느낀 어른 세대와 달리, 태어나면서부터 분단된 한반도에 살았던 여러분은 통일의 필요성을 느끼기 어려울 수 있어요. 분단된 상태에 완전히 적응이 되었으니까요. 그런데다 늘 남북이 다투거나 북한이 핵 실험을 하는 모습, 북한의 가난하고 열악한 모습만 접하니 통일을 하고 싶지 않은 것이 당연해요.

하지만 분단으로 인해 우리가 겪는 고통과 피해는 생각보다 심각하답니다. 먼저 수많은 이산가족들을 꼽을 수 있어요. 이산가족은 분단으로 가족과 헤어지게 된 사람들을 말하는데, 전쟁 후 남한에만 수백만 명의 이산가족이 생겨났어요. 당장 부모님, 형제자매와 떨어져 평생 만날 수도, 목소리를 들을 수도 없다고 상상해 보세요. 생사를 알 수도 없고, 소식을 주고받을 수도 없고요. 생각만 해도 가슴이 아프고 눈물이 나지 않나요? 이산가족들은 이런 슬픔을 60년이 넘는 세월 동안 안고 살아가고 있어요.

그동안 정부 차원에서 이산가족 상봉을 주선해 왔지만 절차가 까다롭고 인원이 정해져 있어 가족을 만나지 못한 분들이 여전히 많아요. 그나마도 남북 관계가 악화되면서 만남의 횟수는 급격히 줄어들었고, 지금은 아예 중단되었지요.
　더욱 안타까운 것은 이산가족 대부분이 연세가 많아 세상을 떠나는 분들이 늘고 있다는 거예요. 이제는 살아 있는 가족보다 돌아가신 이산가족 수가 더 많아요. 남은 이산가족의 대부분이 80대고요. 그리운 가족을 보지 못하고 눈을 감는 분들이 더 많아진다는 뜻이지요. 이산가족의 슬픔을 조금이라도 덜어 주기 위해서라도 통일을 꼭 해야만 해요.

전쟁이 일어날 수 있다는 불안감 또한 분단 때문에 겪는 고통이에요. 한반도에서 전쟁이 언제든 일어날 수 있다는 것, 알고 있나요? 앞에서도 설명했지만 1953년 7월에 맺은 정전 협정은 전쟁을 완전히 끝내는 종전 협정이 아니라 전쟁을 잠시 멈추자는 협정이었어요. 때문에 지난 60년간 남북은 군사적 충돌과 대결을 반복했지요. 그때마다 국민들은 전쟁이 터질까 봐 두려움에 떨어야 했고요.

아예 전쟁을 벌여 북한을 이기면 되지 않냐고요? 전쟁은 단순히 군인들끼리의 싸움이 아니에요. 전쟁을 겪는 모든 사람들이 피해를 입게 돼요. 전쟁이 터지면 남북 가릴 것 없이 많은 사람들이 죽고 생활 기반도 파괴되고요. 우리가 살 집이 사라지고, 가족, 친구들과도 헤어질 수 있어요. 학교를 갈 수 없고, 친구들과 재미나게 놀 수도 없지요. 삶의 터전이 무너지고 일상생활을 송두리째 잃게 되어요.

한반도의 분단으로 인한 경제적 피해도 엄청나요. 혹시 '코리아 디스카운트'라는 말을 들어 본 적 있나요? 코리아 디스카운트란 우리나라 기업 가치가 외국 기업보다 낮게 매겨지는 것을 말해요. 여러 원인이 있지만 가장 큰 이유는 남북이 갈라져서 대립하고 있기 때문이랍니다. 언제 전쟁이 터져 기업이 문을 닫을지 모르니 아예 처음부터 가치를 깎는 거예요. 보통 20%, 많게는 절반 이상 그 가치를 깎는다고 하니 대강 가늠하더라도 어마어마한 손해임을 알 수 있어요.

이뿐만이 아니에요. 무력 충돌이 일어나고 남북 관계가 불안해질 때마다 남한이 해외에서 빌린 돈의 이자율이 올라가요. 빌려준 돈을 못 받을 가능성이 높아졌다고 판단해서 이자율을 올리는 거예요. 남한이 외국에서 빌린 돈이 400조 원 정도 되는데 이자율이 0.1%만 올라도 매년 4000억 원을 더 내야 해요.

이밖에도 남북 관계에 따라 주식 시장이 들썩이는 것, 해외 자본이 남한에 투자를 하려 하지 않는 것 또한 분단 때문에 입는 경제적 피해라고 할 수 있어요.

돈이 너무 많이 들지 않아?

"하지만 통일하려면 돈이 엄청 든다던데요?"

맞아요. 통일하는 데는 적지 않은 돈이 들어요. 이를 통일 비용이라고 해요. 한반도에 통일 국가를 세우는 데 드는 돈을 뜻하지요.

 예를 들어 통일 국가의 법을 새로 만들고 선거를 치르는 비용, 경제가 덜 발달된 북한에 철도와 도로를 설치하고 공장과 상하수도 시설을 짓는 비용, 남북 간 시스템을 통일하고 문화 차이를 좁히는 비용 등이 모두 통일 비용이라고 할 수 있어요.

 그럼 한반도의 통일 비용은 얼마나 될까요? 딱 잘라 얼마라고 말하기는 힘들어요. 통일을 어떤 방식으로 하느냐, 어느 정도 기간에 걸쳐 하느냐에 따라 크게 달라지기 때문이에요.

 2015년 12월 국회 보고서에 따르면 통일 후 50년간 2천 3백조 원에서 4천 8백조 원의 통일 비용이 든다고 해요. 4천 8백조면 남한 국내 총생산(GDP)의 3배에 이르는 천문학적인 액수지요.

 하지만 걱정할 필요 없어요. 이 수치는 북한이 한순간에 무너져 남한 사람들이 북한 사람들을 먹여 살려야 한다고 했을 때 드는 돈이거든요. 단정 지어 말할 수는 없지만 북한이 한순간에 무너져서 남한에 흡수 통일될 가능성은 매우 낮아요. 설사 그런 일이 일어난다 하더라도 아주 오랜 기간에 걸쳐 북한을 발전시킬 테니 한꺼번에 엄청난 돈을 퍼부어야 하지는 않아요.

만약 남북이 장기간에 걸쳐 하나의 공동체를 만들어 간다면 통일 비용은 훨씬 낮아져요. 북한과 경제 협력을 하면서 북한이 스스로 경제를 발전시키도록 돕고, 그 과정에서 우리 경제도 발전을 할 수 있어요. 또 남북이 자주 교류하면서 문화의 차이를 서서히 좁힐 수도 있지요. 이렇게 점진적인 방식으로 통일을 하면, 통일 비용은 훨씬 줄어들 수 있어요.

만약 당장 통일을 하게 되어 남한이 북한에 돈을 줘야만 한다 해도 그건 일방적으로 줘 버리는 돈이 아니에요. 예를 들어 북한 지역에 도로망을 건설한다고 가정해 볼까요? 북한에는 평양을 제외한 지역에는 도로망이 잘 갖추어지지 않은 상태니 대규모 공사가 필요하겠지요. 그런데 우리가 북한에 현금을 지원하는 것이 아니에요. 우리가 직접 도로를 건설해 주는 것이지요.

그러면 우리 정부는 그 공사를 우리 기업에게 맡기겠지요. 우리 기업이 북한의 기업에 하청도 주고 또 북한 노동자들도 건설에 참여하겠지만, 이 모든 공사의 책임은 우리 기업이 맡게 된답니다. 이렇게 되면 도로망을 짓는 비용의 상당 부분은 결과적으로는 우리 경제에도 큰 이득을 안겨 주는 셈이에요.

공장을 짓고 전기 시설을 설치하는 것도 마찬가지예요. 그만큼 우리 기업들이 돈을 벌 기회가 늘어나요. 게다가 이런 시설들은 북한의 경제도 발전시키지만, 우리 기업이 북한에서 생산 활동을 할 수 있게 도와줘 우리 경제 발전에도 도움이 돼요. 한번 설치하면 반영구적으로 쓸 수 있고, 생산 활동에서 얻는 돈은 고스란히 통일 국가의 수입이 되지요. 그뿐인가요? 북한에 도로망이 잘 갖춰지면 북한의 지하자원을 남한으로 쉽게 실어 나를 수 있어요. 육로를 통해 중국까지 이어지니 교역도 더욱 활발해지고요.

결국 기업들로서는 새로운 시장과 투자처가 생기는 셈이고, 북한의 자원과 노동력까지 더해지면서 우리 경제는 더욱 눈부시게 성장할 거예요. 그러니 통일 비용은 단순한 지출이 아

니라 우리 경제를 살리는 투자가 되지요.

 또 하나 생각해야 할 것은 분단 비용이에요. 분단 비용은 분단되어 있기 때문에 드는 돈인데요, 가장 대표적인 것이 국방비예요. 국방비는 나라를 지키는 데 드는 돈을 말해요. 군대를 유지하고 무기를 구입하고 수리하는 비용, 군사 시설을 만들고 기술을 연구하는 비용 등이 바로 국방비예요.

 휴전선을 사이에 두고 대치 중인 남북은 상대의 침입에 대비해 경쟁적으로 국방비를 쓰고 있어요. 2016년 한 해 동안 남한이 국방비로 쓴 돈이 무려 39조 원이에요. 국가 전체 예산의 15%에 달하는 엄청난 돈이지요. 매일 1천억 원이 넘는 돈을 국방비로 쓰고 있는 셈이에요.

물론 통일을 해도 나라를 지키기 위해서 어느 정도의 국방비는 써야겠지만 남북이 경쟁할 필요가 없어지면 지금보다 훨씬 적은 국방비로도 충분하답니다. 아낀 국방비는 복지나 교육 예산으로 쓸 수 있지요. 실제로 국방비를 20%만 줄여도 대학교 등록금을 절반으로 줄일 수 있다고 해요.

남북한 청년들이 군대에 가는 것 또한 눈에 보이지 않는 분단 비용이라고 할 수 있어요. 남한의 신체 건강한 남자들은 약 2년간 군대에 가야 해요. 북한의 군 복무 기간은 남한보다 훨씬 길고요. 청년들이 군대에 가는 대신 자기 자리에서 공부하고, 일을 할 수 있다면 개인적으로도, 사회적으로도 훨씬 이익이지 않을까요? 그러니 많은 청년들이 군대에 있는 동안 놓치는 이익 역시 분단 비용이 되지요.

더욱 큰 문제는 분단 비용은 통일이 되지 않는 한 계속 써야 한다는 거예요. 엄청난 돈을 무한정으로 써야 하지요. 그중 적지 않은 비용은 버리는 것이나 마찬가지예요. 우리나라가 무기 구입에만 매년 수십억 달러를 쓰는데 아무리 값비싼 무기라도 시간이 지나면 구식이 되어 쓸 수가 없기 때문이지요. 거의 대부분의 무기를 해외에서 구입하기 때문에 우리 경제에 도움이 되지도 않고요.

이렇게 분단 비용은 한번 쓰면 사라지는 돈인 반면, 통일 비용은 우리 경제를 성장시키는 토대가 될 수 있어요. 통일 비용이 어마어마하다는 말에 겁낼 필요가 없는 이유는 이 때문이랍니다.

통일 선배님, 독일에게 배우자!

2차 세계 대전 후 독일은 미국과 소련 등의 강대국들에 나누어 점령당했어요. 전쟁을 일으킨 전범 국가로서 다시는 전쟁을 벌일 수 없도록 하려는 조치였지요. 1949년 독일은 동과 서로 쪼개지게 되었어요. 동쪽에는 공산주의 진영인 독일 민주 공화국이, 서쪽에는 자본주의 진영인 독일 연방 공화국이 들어섰지요. 두 나라를 간단히 줄여 동독, 서독이라고 불렀어요.

남한과 북한처럼 서독과 동독도 처음에는 사이가 나빴어요. 서로 자신이 정통성을 가진 나라라고 주장하며 싸우고, 상대를 비난했지요. 서독은 동독과 교류하는 나라와는 관계를 끊어 버렸어요. 동독은 서독과의 경계에 길이 44km, 높이 4m에 이르는 콘크리트 장벽을 세웠어요. 이를 베를린 장벽이라고 해요.

1970년대 냉전 분위기가 누그러지면서 앙숙처럼 으르렁거리던 동독과 서독도 화해의 움직임을 보이기 시작했어요. 1972년 동독과 서독은 기본 조약을 맺었어요. '갈등은 오로지 평화적인 수단으로 해결하며 상대를 존중한다, 서로를 침략하지 않으며 군사 비용도 줄여 나가겠다, 경제와 학술, 문화 등 여러 분야에서 교류 협력을 추진하겠다.'는 내용의 조약이었어요. 이를 계기로 동독과 서독의 교류는 활발해졌어요.

1980년대에는 이웃 나라를 드나드는 것처럼 완전히 자유로워졌어요. 상대의 TV 프로그램도 볼 수 있고, 기자들도 자유롭게 머물렀어요. 이런 분위기에서 공산주의 진영이 약해지자 독일에선 자연스럽게 통일의 목소리가 터져 나왔어요. 1989년 11월 9일 동독과 서독 사람들은 베를린 장벽으로 몰려들었고, 힘을 합쳐 장벽을 부수기 시작했어요.

결국 독일 분단의 상징인 베를린 장벽이 무너졌어요. 이듬해 10월 독일은 공식적으로 통일을 선언했어요. 통일의 기쁨에 젖은 것도 잠시, 독일은 심각한 어려움에 부딪혔어요. 가장 큰 문제는 경제난이었어요. 독일은 서독이 동독을 흡수하는 방식으로 통일했어요. 서독이 경제적으로 뒤처진 동독을 위해 많은 비용을 부담해야 했지요. 동독에 공장을 세우고 도로를 닦고, 동독 사람들에게 서독과 같은 임금과 연금을 제공하느라 통일 이후 20년간 약 3천조 원에 달하는 돈이 들었다고 해요. 워낙 큰돈이다 보니 서독이 통일을 위해 오랫동안 재원을 마련하고 준비를 해 왔음에도 불구하고 부담이 컸지요. 서독 사람들은 더 많은 세금을 낼 수밖에 없었어요.

　당연히 서독 사람들의 불만이 커졌지요. 동독 사람들 역시 불만스럽긴 마찬가지였어요. 통일만 되면 당장 서독처럼 잘살게 될 줄 알았는데 그게 아니었거든요. 동독에 공장을 짓는 데도 적잖은 시간이 걸렸고, 공장이 세워진 후에도 기술과 지식이 부족하다 보니 취업이 잘 되지 않았어요.

　동독과 서독 사람들 간 갈등이 사회 문제로 떠올랐어요. 그럼에도 독일은 통일의 고삐를 결코 늦추지 않았어요. 동독에 대한 지원을 지속했고, 사회 통합을 이루기 위한 문화 프로그램을 운영했어요. 그 결과 2000년대 중반에 접어들면서 휘청거리던 독일 경제는 다시 발전하기 시작했어요. 인구가 늘면서 국내 소비가 활발해졌고, 국내 총생산 규모도 꾸준히 늘었어요. 동독 지역에 세운 공장에서 싼값에 물건을 생산할 수 있게 되면서 수출도 활발해지고 있어요. 여전히 통일 독일은 여러 가지 문제를 안고 있어요. 경제적인 부담도 한동안 계속될 수밖에 없고 동독과 서독 사람들의 갈등도 남아있지요. 하지만 독일은 이런 문제들을 통일에 꼭 필요한 과정으로 받아들이고 있어요. 오랫동안 다른 체제에서 살아온 사람들이 하나가 되는 것은 쉽지 않다고 생각했기 때문이지요.

무엇보다 중요한 것은 통일에는 오랜 시간과 노력이 필요하다는 사실이에요. 통일은 단순히 물리적인 장벽을 없애는 것으로 끝나지 않아요. 사람과 사람이 어우러져 진정한 하나의 공동체가 되기 위해선 생각보다 많은 시간과 노력이 필요하지요.

독일의 통일은 우리에게 중요한 교훈을 주고 있어요. 북한을 일방적으로 흡수하는 통일을 추구해선 안 된다는 것, 남한의 부담을 줄이기 위해서라도 북한이 발전할 수 있도록 지속적으로 도와야 한다는 것, 통일 이전의 활발한 교류와 협력을 통해 문화적 차이를 줄여야 한다는 것이지요.

함께 생각하기
독일의 통일에서 배울 점은 무엇일까?
남한과 북한의 경제적인 차이를 좁힐 수 있는 방법은 무엇일까?

4 통일이 되면

 경제 대국 대한민국

현재 남한 경제는 제자리걸음을 하고 있어요. 4~5%대를 유지하던 경제 성장률은 2%가량 떨어지고, 취업난은 사상 최고를 기록하고 있어요.

가장 큰 원인은 세계적으로 경제 상황이 나빠지면서 수출이 줄었기 때문이에요. 남한은 수출로 먹고 산다고 할 만큼 경제에서 수출이 차지하는 비중이 높아요. 그런데 다른 나라의 경제 사정이 악화되면서 수출이 줄어드니 심각한 타격을 입은 것이지요.

수출이 줄어 돈을 많이 벌 수 없게 되자 기업들은 생산 활동을 줄이고 노동자들을 해고하거나 채용을 줄였어요. 일자리를 잃거나 취업을 하지 못한 사람들은 소비를 줄였어요. 소득이 없으니 지갑을 꽁꽁 닫은 거예요.

국내 시장에서조차 소비가 줄어드니 기업의 사정은 더욱 나빠졌어요. '수출 감소 → 기업의 생산 감소와 노동자 해고 → 사람들의 소득 감소 → 소비 감소 → 다시 기업의 생산 감소'로 이어지는 악순환이 반복되고 있어요.

통일은 이런 악순환을 끊는 해법이 될 수 있어요.

첫째, 통일이 되면 우리 경제가 뻗어 나갈 영역이 크게 넓어져요. 이제까지 남한은 3면의 바다를 통해서만 무역을 했어요. 하지만 통일이 되면 북한을 통해 중국 대륙으로, 또 유라시아 대륙으로 가는 길이 열려요. 부산과 목포에서 압록강과 두만강까지 이어지는 한반도 종단 철도가 시베리아 횡단 철도와 연결된다면 훨씬 많은 물자를 빠르고 안전하게 옮길 수 있지요.

남한 최대의 교역국인 중국과의 거래가 더 활발해지고, 매년 수백억 달러의 교역을 하고 있는 러시아, 성장 가능성이 높은 몽골은 물론이고, 지구 반대편의 유럽과도 교역이 늘어나리라 기대돼요. 특히 이제까지 서해는 제대로 활용되지 못했어요. 바다 경계선을 사이에 두고 남북 군인들의 충돌이 잦다 보니 바닷길은 막혀 있는 것이나 다름없었지요.

하지만 통일이 되어 서해가 안전해지면 중국과의 교류가 훨씬 수월해져요. 중국 경제는 동부 해안 도시를 중심으로 발전했어요. 동부 해안에 위치한 상하이, 칭다오, 다롄 등의 도시가 풍부한 인력과 수자원, 바다를 접한 이점을 활용해 고속 성장의 엔진 역할을 하고 있지요.

한반도는 서해를 사이에 두고 이 도시들을 마주하고 있어

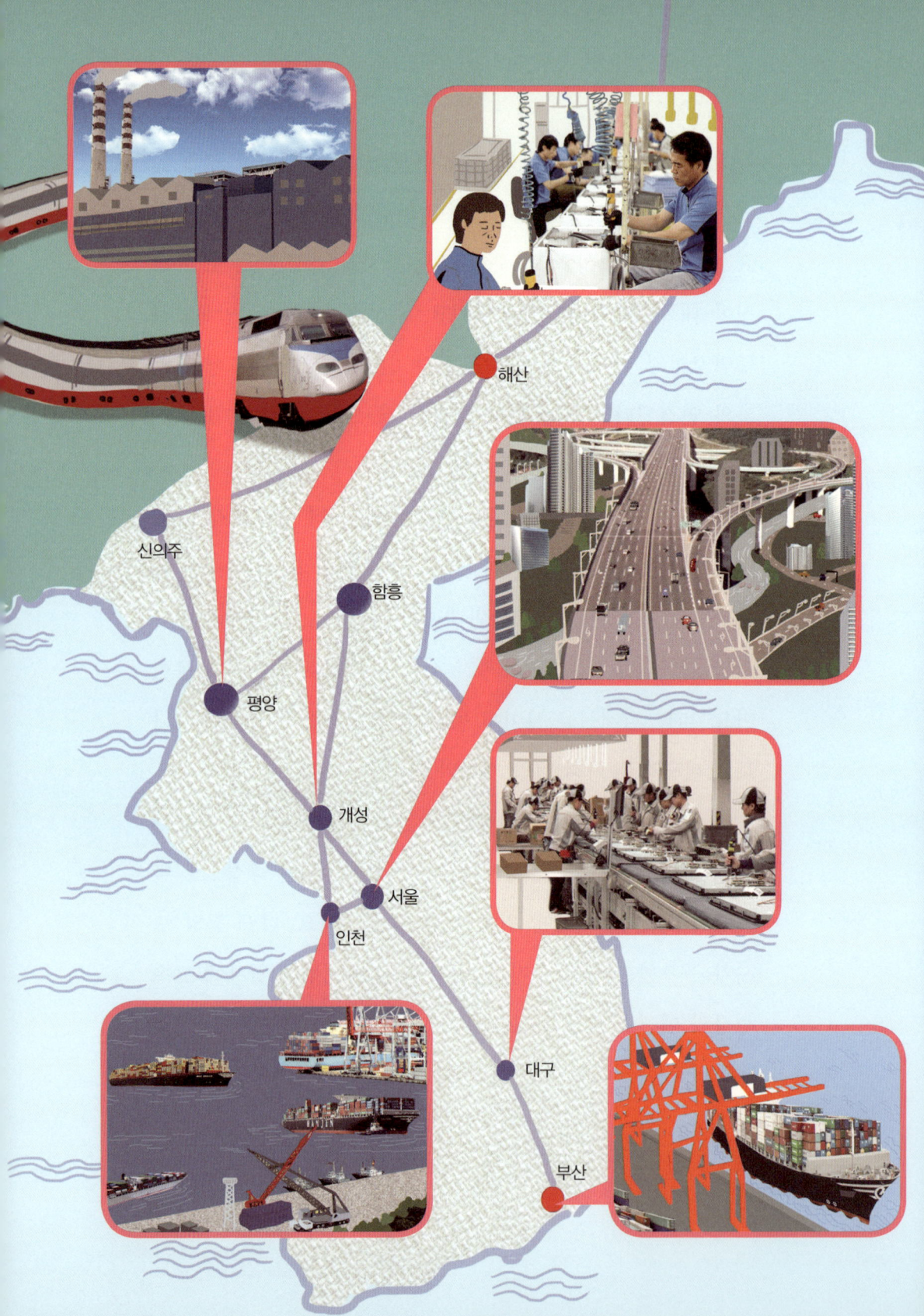

요. 남한의 앞선 기술과 북한의 풍부한 노동력과 지하자원 등을 내세워 이들과 교류하고 협력한다면 한반도는 중국과 함께 거대한 경제권을 이루며 발전할 수 있어요. 놀라운 속도로 성장하고 있는 중국과 더불어 새로운 성장의 기회를 맞게 되지요.

유라시아 대륙과 태평양을 잇는 중계 무역도 늘어날 거예요. 특히 유라시아 대륙으로 이어지는 육지 길과 태평양을 오가는 바닷길이 만나는 지점에 있는 부산은 크게 발전할 수 있어요. 세계 5위의 무역항인 부산항이 세계 1, 2위를 다투는 무역항으로 성장하게 될 거랍니다.

둘째, 통일이 되면 인구가 많아져요. 보통 한 나라가 수출에 지나치게 의존할 필요 없이 국민들의 경제 활동으로도 안정되게 살 수 있으려면 인구가 최소한 1억 명 정도 있어야 한다고 해요. 남북의 인구를 합하면 약 7천 7백만 명(남한 5천 2백만 명, 북한 2천 5백만 명), 여기에 해외 동포 7백만 명을 더하면 8~9천만 명 규모의 경제 공동체가 만들어지지요.

인구가 많아진다는 것은 돈을 쓸 소비자가 많아지고, 소비가 늘어나면 국내 시장도 살아나요. 국내 시장이 활발해지면 수출이 좀 줄더라도 타격을 줄일 수 있고요.

셋째, 통일이 되면 자원이 늘어나요. 남한이 수출에 매달릴 수밖에 없는 이유는 지하자원이 부족하기 때문이에요. 다른 나라에서 자원을 수입한 다음, 가공하여 되파는 경우가 많지요. 남한이 석탄, 철광석 등을 수입하는 데 드는 돈만 매년 수백억 달러에 달해요.

그런데 북한은 철과 석탄, 마그네사이트, 아연과 같은 지하자원을 엄청나게 가지고 있어요. 알루미늄보다 가벼워 수요가 높아지고 있는 마그네사이트는 세계 1위, 남한에서 거의 수입해서 쓰고 있는 흑연은 세계 4위, 금은 세계 6위의 매장량을 자랑하고 있어요. 컴퓨터와 모니터, 휴대폰, 전기 자동차 등 안 쓰이는 곳이 없어 '첨단 산업의 비타민'이라고 불리는 희토류도 많이 매장되어 있다고 해요.

북한이 가진 지하자원을 돈으로 따지면 최소 6천조 원이 넘어요. 이는 남한의 24배에 이르는 굉장한 수치랍니다. 통일이 되면 자원을 수입할 필요가 없어지니 그만큼 돈을 아낄 수 있어요. 한 연구 결과에 따르면 남한이 북한에서 지하자원을 가져오면, 현재 매년 지하자원 수입에 드는 돈 153억 9천만 달러를 아낄 수 있다고 해요.

넷째, 북한 관광 사업과 같은 새로운 산업을 개발할 수 있

어요. 대표적으로 활용할 수 있는 곳이 금강산이에요. 지금까지는 금강산만 둘러보는 관광이었다면, 통일이 되면 동해안 도시들까지 연결해 관광 특구로 개발할 수 있어요. 이미 북한이 개발하고 있는 백두산 지역도 더 크게 발전시킬 수 있고요. 이렇게 하면 해외 관광객들까지 끌어모을 수 있어요. 환경 오염을 일으키는 공장을 세우지 않고도 돈을 벌 기회가 많아지는 것이지요.

이처럼 통일은 우리 경제가 비약적으로 발전할 수 있는 계기가 될 거예요. 대외정책연구원은 통일이 되면 한반도의 국내 총생산

(GDP)이 9천 8백조 원이 넘을 거라고 예상했어요. 통일을 하지 않았을 때보다 1.7배나 많은 수치예요. 통일이 된다면 남한의 기술과 자본력, 북한의 지하자원과 노동력이 결합되어 엄청난 효과를 거둘 수 있어요.

 성숙하고 안정된 시민 사회

분단은 우리 사회의 정상적인 발전을 방해하고 있어요. 독립을 전후해 한반도에서 이념 대립이 일어났다고 했던 것, 기억하지요? 남과 북에 두 개의 분단 정부가 들어서면서 심해졌던 이념 대립은 한국 전쟁을 계기로 되돌릴 수 없을 만큼 악화되었어요.

'북한=적'이라는 인식이 뿌리 깊게 박히면서 북한 체제의 이념인 사회주의는 무조건 잘못되고 틀렸다고 생각하게 되었어요. 오히려 북한이 사회주의를 제대로 실천하지 못해 여러 문제가 생기는 경우가 많았는데도 말이지요.

사회주의나 자본주의나 각기 장점과 단점을 가진 경제 형태일 뿐이에요. 이론적으로만 보면 사회주의는 부를 평등하게 가지지만 사회의 효율성을 떨어뜨리고, 자본주의는 효율성은 높지만 빈부 격차가 심해진다는

단점이 있어요.

그래서 많은 자본주의 선진국에서는 부분적으로 사회주의 제도의 장점을 받아들여 자본주의의 한계를 보완하고 있어요. 마치 새가 두 개의 날개가 있어야 하늘을 나는 것처럼 어느 한쪽의 방식으로는 사회가 제대로 돌아가지 않는다고 깨달았기 때문이에요.

하지만 우리 사회에서는 이것이 옳고 그름의 문제가 되어 버렸어요. 자본주의는 절대적으로 옳고, 사회주의는 무조건 틀리다는 생각이 뿌리 깊게 자리잡았어요. 사회주의라고 하면 무조건 색안경을 끼고 고개부터 흔드는 사람들이 많아졌어요. 그러다 보니 현대 민주주의 국가들에서 쏟아지고 있는 사회적 약자들을 위해 복지를 늘리자는 당연한 주장도 '빨갱이들이나 하는 소리'라며 비난당하는 웃지 못할 일이 벌어지지요.

사회주의를 말하는 것조차 아예 막아 버리는 사회가 되면 결국 그 사회는 다양성을 잃게 돼요. 그래서 우리는 항상 북한을 비판하면서도 어느덧 우리 사회도 획일적이고 딱딱한 북한 사회와 비슷해지지는 않은지 스스로 경계해야 한답니다.

분단이 우리 사회에 미친 악영향은 이뿐만이 아니에요. 권력자들은 자신들의 힘을 키우려고 분단을 악용하기도 했어요.

박정희, 전두환 같은 군부 독재 정권에서는 독재를 반대하고 민주주의를 원하는 사람들을 북한의 사주를 받은 간첩이나 빨갱이로 몰았어요. 자신을 비판하는 정치인들을 빨갱이 딱지를 붙여 쫓아내기도 했지요. 빨갱이로 몰린 사람들은 제대로 된 조사나 재판도 없이 벌을 받고 비난을 당했어요.

대표적인 사건이 1975년 박정희 정권에서 일어난 인민혁명당 사건이에요. 박정희 정권은 독재에 대한 국민들의 반발과 시위가 거세지자 사람들을 닥치는 대로 잡아들였어요. 제대로 된 증거 하나 없이 고문만으로 간첩이라는 거짓 자백을 받아내는 경우마저 있었어요. 사람들의 불안감을 자극해 독재가 필요하다고 생각하게 하려는 속셈이었지요.

잡혀간 사람들과 그의 가족들은 무죄를 주장했지만 재판관들은 이들에게 사형을 선고했어요. 그러고는 하루도 되지 않아 이들을 모두 처형했지요. 시간을 끌면 이들이 무죄라는 것이 밝혀질까 봐 서둘러 사형시켜 버린 거예요. 이는 우리나라 사법사상 가장 수치스러운 재판으로 불리게 되었고, 33년이 흐른 2007년에서야 무죄임이 밝혀졌답니다.

인민혁명당 사건과 같은 조작 사건은 빈번히 일어났어요. 수많은 사람들이 고문을 당하고, 억울하게 죽었어요. 비슷한 조작 사건은 최근까지도 이어지고 있어요. 분단으로 인한 비극은 여전히 현재 진행 중이지요.

분단 상황이 우리 사회의 발전을 막은 일은 이뿐만이 아니에요. 1987년 13대 대통령 선거를 앞두고 북한 공작원들이 대한항공 비행기를 납치해 폭발시키는 사건이 터졌어요. 사람들은 북한의 테러에 경악하며 분노를 금치 못했어요.

당시 대통령 선거에서는 오랜 기간 민주화 운동을 해 온 김대중 후보와 김영삼 후보가 군인 출신의 여당 후보인 노태우 후보와 경쟁하고 있었어요. 김대중 후보나 김영삼 후보가 당선되면 대한민국 최초의 민주 정부가 들어서는 것이기에 많은 국민들이 이들의 당선을 바랐어요.

그런데 어느 날 갑자기 선거 분위기가 확 바뀌었어요. 북한의 테러가 일어난 거예요. 많은 사람들이 북한의 공격을 막으려면 군인 출신인 노태우 후보가 대통령이 되어야 안전하다는 쪽으로 마음을 바꿨어요. 결국 선거는 노태우 후보의 큰 승리로 끝났고, 남한의 민주화는 그만큼 미뤄지게 되었어요.

이후에도 비슷한 일이 반복되었어요. 1996년 4월, 15대 국회의원 선거를 앞둔 시점이었어요. 그 무렵 김영삼 정권은 측근들의 뇌물 수수, 성수대교와 삼풍백화점 붕괴 등의 대형 참

사로 지지율이 바닥을 치고 있었어요. 이대로라면 국회의원 선거에서 여당의 참패는 불 보듯 뻔했지요.

하지만 선거를 며칠 앞두고, 비무장 지대인 판문점 구역에 무장한 북한 군대가 진입했어요. 국민들은 금방이라도 전쟁이 날까 바짝 긴장했지요. 여당은 이 분위기를 이용해 재빨리 부정부패나 비리보다 전쟁 위기를 막는 것이 중요하다고 주장했고, 결국 안보를 주장하던 여당이 선거에서 승리를 거두었어요. 자신들의 무능함을 북한을 이용해 은근슬쩍 덮어 버렸지요.

권력자들이 분단 상황을 이용해 권력을 유지하는 것은 그 자체로도 나쁘지만, 국민들의 뜻을 왜곡시킨다는 점에서 더더욱 옳지 못해요.

북한에 대한 두려움과 불안감을 부추겨 국민들이 합리적인 판단을 할 수 없도록 하니까요.

민주주의 국가의 주인은 국민이에요. 하지만 국민이 제대로 자신의 뜻을 표현하고 선택할 수 없다면 제대로 된 민주주의라고 할 수 없지요.

통일이 되면 제대로 된 민주주의를 실현할 수 없게 하는 거대한 장애물을 없앨 수 있어요. 남북이 교류하고 대화하는 과정에서 서로 다른 생활 방식을 이해하고, 나와 다른 의견을 받아들이는 연습을 할 수 있지요. 다양한 의견을 자유롭게 표현하고, 합리적인 선택을 함으로써 우리 사회는 한층 성숙하고 안정될 거예요.

 **통일 강국의 등장**

통일이 되면 세계에서 우리나라의 위상도 더욱 높아져요. 남한과 북한이 통일하면 인구가 약 8천만 명에 이르고, 영토 크기는 22만 제곱킬로미터가 돼요. 현재 남한보다 인구는 1.5배,

영토는 2배 이상 늘어나는 것이지요. 인구와 영토 크기는 국력을 좌우하는 중요한 요인이에요. 인구와 영토가 늘어나는 만큼 통일 국가의 국력도 강해지게 된답니다.

통일 한반도는 평화와 협력을 이뤄 낸 본보기로서 국제 사회의 존중을 받게 될 거예요. 한반도는 냉전 체제가 무너지고 난 뒤에도 갈등과 대립을 계속해 왔어요. 냉전 시대의 유물로 남아 있는 마지막 분단국가이지요. 통일을 하면 이런 불명예를 벗을 수 있어요. 강대국들의 이익에 따라 갈라졌던 한민족이 우리 힘으로 다시 하나가 된다면 분쟁과 갈등이 계속되고 있는 세계에 커다란 울림과 희망을 안겨 줄 거예요.

국제 사회에서 우리 목소리를 내는 데도 유리해져요. 이제까지 남북은 분단이라는 특수한 상황 때문에 제 목소리를 내기 힘들었어요. 힘센 나라들의 지지를 서로 더 많이 얻기 위해 미국과 중국 등의 눈치를 살필 수밖에 없었지요.

특히 남한의 경우 북한의 공격을 막기 위해 미국에 너무 많이 의존하고 있어요. 하지만 미국이 우리를 보호해 주는 대가로 남한도 미국에 많은 것을 양보할 수밖에 없는 것이 현실이에요. 우리나라는 우리가 지킨다는 자주국방의 의지와 이를 실천하기 위한 적극적인 행동이 필요해요.

한반도의 통일은 우리가 독립된 국가로서 특정한 나라에 지나치게 의존하지 않고 국제 사회에 당당히 나설 수 있는 중요한 계기가 될 거예요. 통일 코리아의 이익을 첫 번째로 두고, 국제 사회에서 당당히 발언하고, 한반도의 운명도 스스로 결정할 수 있으리라 기대되어요.

한반도의 작은 통일, 개성공단의 기적

　개성공단은 2000년 6.15 남북 공동 선언 이후 남북 간 경제 협력의 하나로 2003년 6월에 공단 착공식을 했고, 2004년 12월에 첫 제품을 생산하기 시작했어요. 북한이 땅과 노동력을 싼 값에 제공하면 남한이 공장을 짓고 기술과 자본을 제공하기로 했지요.

　개성공단은 놀라운 시도였어요. 이전의 경제 협력은 물품을 사고팔거나 남한에서 원료를 공급하면 북한에서 가공해 파는 단순한 수준이었어요. 그런데 남북 주민들이 동료가 되어 함께 일하기로 한 거예요. 그야말로 남북 협력의 새로운 장이 열리는 것이었지요.

　놀라운 건 그뿐만이 아니었어요. 북한이 개성에 공장을 짓자고 먼저 제안했어요. 개성은 북한의 군사와 무기가 집중된 군사 요충지였어요. 마음만 먹으면 서울까지 포탄을 쏠 수도 있었지요. 이런 곳에 공장을 지으려면 군대와 무기를 북쪽으로 물려야 했어요. 이는 곧 북한이 남한과 전쟁을 할 의사가 없다는 뜻이기도 했지요.

　남한도 두 손을 들어 반겼어요. 북한의 군대와 무기가 북쪽으로 물러나면 그만큼 남북 사이에 평화 지대가 넓어지는 것이고, 개성은 서울에서 차로 한 시간 거리라 물자 수송과 교통도 편리했기 때문이지요.

　남북은 힘을 합쳐 서울에서 개성으로 가는 도로를 닦았어요. 분단 50년 만에 휴전선을 지나 남북을 오가는 길이 뚫렸어요. 많은 사람들이 이 길이 통일의 물꼬가 되길 바랐어요.

　기대만큼 우려도 적지 않았어요. 기업인들은 북한에서 북한 사람들과 일하는 방식을 부담스러워했어요. 남북 간에 괜한 갈등만 키울 수도 있다거나 들이는 비용에 비해 효과가 적을 거라는 비판도 컸지요.

　하지만 우려와 달리, 개성공단은 빛나는 성과를 만들어 냈어요. 북한 사람들은 성실한 자세로 빠르게 일을 익혔어요. 북한 사람들이 일을 제대로 할까 걱정하던 남한 사람들도 북한 사람들을 다시 보게 되었고요. 북한 사람들 역시 남한 사람들과 이야기하고 남한의 공장을 직접 경험하면서 남한 체제의 장점들을 발견하기 시작했어요. 남북 모두 상대에 대한 선입견을 한 꺼풀 벗겨 내는 계기가 되었지요.

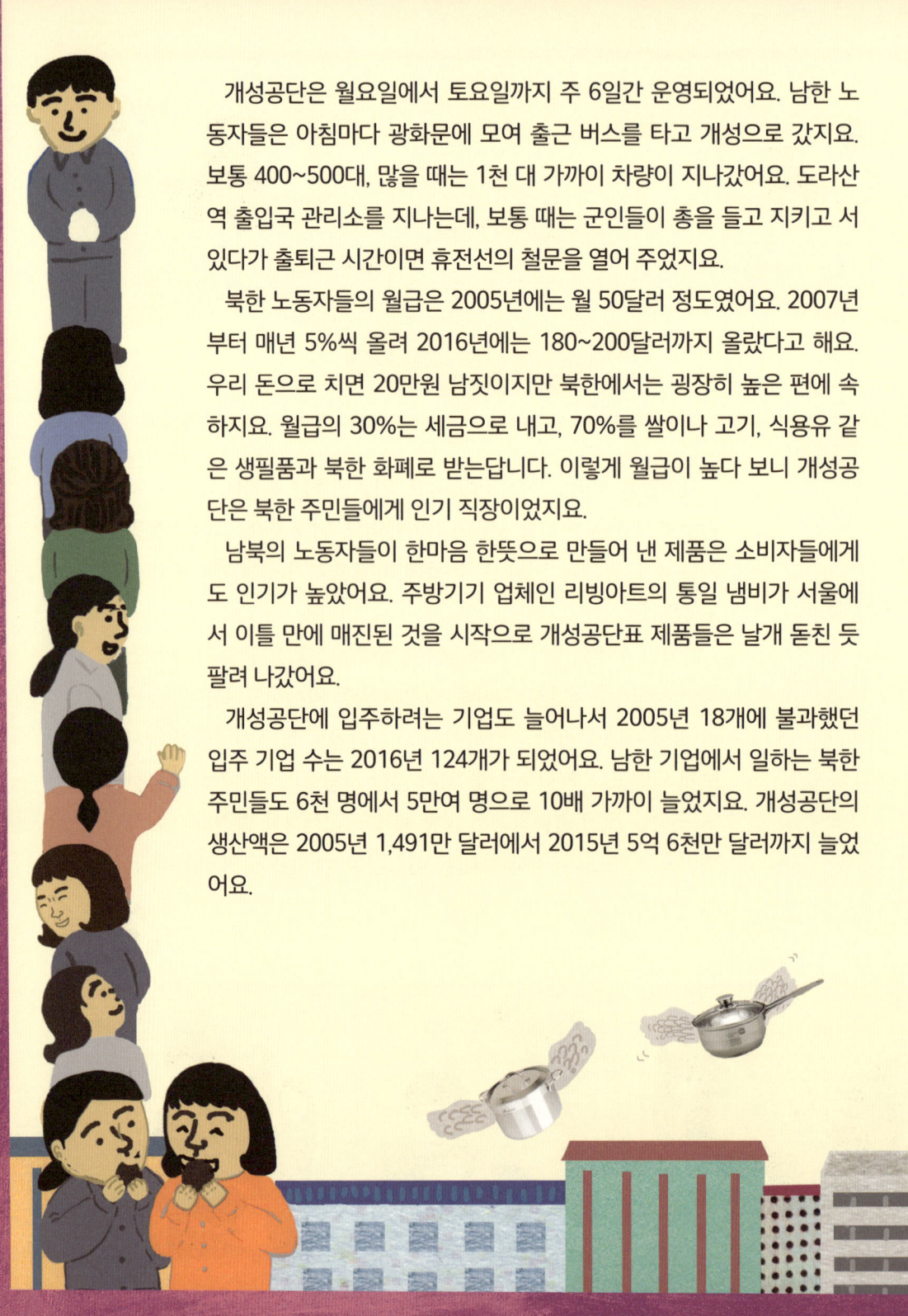

개성공단은 월요일에서 토요일까지 주 6일간 운영되었어요. 남한 노동자들은 아침마다 광화문에 모여 출근 버스를 타고 개성으로 갔지요. 보통 400~500대, 많을 때는 1천 대 가까이 차량이 지나갔어요. 도라산역 출입국 관리소를 지나는데, 보통 때는 군인들이 총을 들고 지키고 서 있다가 출퇴근 시간이면 휴전선의 철문을 열어 주었지요.

북한 노동자들의 월급은 2005년에는 월 50달러 정도였어요. 2007년부터 매년 5%씩 올려 2016년에는 180~200달러까지 올랐다고 해요. 우리 돈으로 치면 20만원 남짓이지만 북한에서는 굉장히 높은 편에 속하지요. 월급의 30%는 세금으로 내고, 70%를 쌀이나 고기, 식용유 같은 생필품과 북한 화폐로 받는답니다. 이렇게 월급이 높다 보니 개성공단은 북한 주민들에게 인기 직장이었지요.

남북의 노동자들이 한마음 한뜻으로 만들어 낸 제품은 소비자들에게도 인기가 높았어요. 주방기기 업체인 리빙아트의 통일 냄비가 서울에서 이틀 만에 매진된 것을 시작으로 개성공단표 제품들은 날개 돋친 듯 팔려 나갔어요.

개성공단에 입주하려는 기업도 늘어나서 2005년 18개에 불과했던 입주 기업 수는 2016년 124개가 되었어요. 남한 기업에서 일하는 북한 주민들도 6천 명에서 5만여 명으로 10배 가까이 늘었지요. 개성공단의 생산액은 2005년 1,491만 달러에서 2015년 5억 6천만 달러까지 늘었어요.

한 경제 보고서에 따르면 개성공단 사업으로 지난 10년간 남한은 32억 6천만 달러치 소비가 늘어난 효과를, 북한은 3억 8천만 달러치 외화를 벌어들인 효과를 안겨 주었다고 해요.

이렇게 남북 양측에 커다란 이익을 안겨 주는 개성공단은 이명박 정부 이후 남북 갈등이 높아질 때마다 흔들렸어요. 결국 2016년 2월 완전히 폐쇄되었어요. 개성공단에 입주한 기업들은 졸지에 문을 닫게 되었어요. 갑자기 회사 문을 닫은 탓에 남북한 노동자들 모두 막대한 피해를 입었어요. 남한 측 피해만 2조 원이 넘는다고 하니 참으로 안타까운 일이 아닐 수 없지요. 개성공단이 이뤄 낸 '작은 통일'이 한순간에 사라져 버린 거예요.

개성공단은 남북한 사람들이 얼마든지 공존할 수 있음을 보여 주는 평화의 증거였어요. 개성공단이 폐쇄되면서 남북 관계의 시계는 다시 수십 년 전으로 뒷걸음치고 말았어요. 개성공단에 입주한 기업인들은 물론이고 많은 국민들이 개성공단이 다시 열리길 기다리고 있어요.

함께 생각하기

개성공단이 이뤄 낸 기적은 이대로 사라져 버려도 되는 걸까? 개성공단처럼 남북 간 협력이 가능한 분야가 있을까?

5 통일, 어떻게 할까?

 ## 북한은 이상한 나라가 아니야

만약 지금 당장 북한 친구들을 만난다면 어떨까요? 낯설고 당혹스러울 수도 있어요. 같은 뿌리를 가진 한 민족이지만 오래 떨어져 지내는 동안 언어도, 생각하는 방식도 많이 달라졌기 때문이에요.

서로 다른 문화와 관습을 가지게 된 남북이 통일을 하려면 우선 북한을 있는 그대로 받아들여야 해요. 어떤 사람들은 북한의 수령 김정은이 독재자니 그와 대화해선 안 된다고 말해요. 하지만 이런 주장은 오히려 남북 관계를 멀어지게 할 뿐이에요.

어찌 되었든 김정은은 현재 조선민주주의인민공화국이라는 주권 국가를 실질적으로 지배하는 통치자이자 대표자예요. 남한이 북한과 대화를 하려면 김정은 정권과 할 수밖에 없지요. 그가 못마땅하다고 해서 아예 부정하려 든다면 대화 자체가 불가능해져요. 대화를 할 수 없다면 남북 관계는 대결과 충돌을 거듭하며 결코 나아질 수 없을 테고요. 김정은 정권의 문제점을 인식하면서 동시에 상대가 북한의 대표임을 인정할 때 제대로 된 대화를 시작할 수 있지요.

그렇다고 북한의 잘못된 점까지 무조건 감싸야 한다는 이야기는 아니에요. 북한뿐만

아니라 우리가 살고 있는 남한에도 잘못된 점들이 있잖아요. 이런 것들은 서로 대화를 하면서 힘을 합쳐 하나씩 고쳐 나가면 돼요. 잘못된 점을 모두 고친 다음에 대화도 하고 협력도 하자는 것은 결국 상대를 내 마음에 들도록 바꾸겠다고 고집 부리는 것이나 다름없어요.

'우리는 무조건 선하고 북한은 모든 면에서 악하다.'는 식의 고정 관념도 버려야 해요. 많은 사람들이 북한이 늘 약속을 어기고 말썽을 부린다고 생각해요. 상당히 일리가 있는 지적이에요. 하지만 하나 생각해 볼 것이 있어요. 우리는 북한에 대해 항상 약속을 잘 지켰나 하는 것이지요.

불행하게도 국제 사회도 북한과의 약속을 어긴 일이 있었어요. 2000년 가을, 미국과 북한은 그간의 갈등을 털고 사이좋게 지내자고 약속했어요. 그런데 그다음 해인 2001년 미국 뉴욕의 세계무역센터 빌딩이 무너지는 9.11 테러가 일어났어요. 그러자 미국은 갑자기 테러와는 무관한 북한에 '악의 축'이라는 딱지를 붙이고 '불량국가'라고 몰아세웠어요. 북한이 약속을 어기거나 도발적인 태도를 보이지도 않았는데 말이지요.

남한 또한 북한을 당혹스럽게 한 적이 있어요. 김대중, 노무현 정부에서 햇볕정책을 실시하면서 북한도 이에 호응해서 남한과 교류를 넓혔어요. 하지만 바로 뒤 들어선 이명박 정부는 햇볕정책을 부정했어요. 이전에 남북이 했던 합의와 약속도 무시했지요.

어때요? 이런 일들을 북한 입장에서 생각해 보면 남한과 미국이 오히려 믿을 수 없다고 여길 수도 있지 않을까요? 이처럼 역지사지의 마음으로 상대방의 처지에서도 생각해 볼 때 북한을 보다 균형적으로 볼 수 있어요.

또 하나 기억해야 할 것은 북한이 우리의 반쪽이라는 사실이에요. 앞에서 이야기한 대로 북한은 남한과는 다른 역사를 걸어 왔어요. 그러다 보니 우리와는 상당히 다른 모습을 하게 되었어요. 말투나 단어, 생활 습관도 달라졌지요.

그럼에도 불구하고 남한과 북한은 여전히 닮은 구석이 더 많아요. 명절을 지내는 모습만 봐도 그래요. 설과 추석은 북한에서도 중요한 명절이에요. 설이면 가족, 친척들이 모여 차례를 지내고, 떡국을 먹지요. 어린이들은 알록달록 색동저고리를 입고 어른들께 세배를 드리고요. 추석에는 조상들의 산소를 찾아 인사를 드리고, 저녁이

면 오순도순 둘러앉아 송편을 빚어요. '송편을 예쁘게 빚으면 예쁜 딸을 낳는다.'는 속설은 북한에도 있어요. 속설까지 같다니 재미있지 않나요? 이뿐만이 아니에요. 북한에서도 정월 대보름이면 부럼을 깨물고 오곡밥을 먹고, 쥐불놀이를 해요. 동짓날에는 팥죽을 쑤어 먹는 풍습도 닮아 있지요.

먹고 마시는 것도 비슷해요. 한여름 더위를 식혀 주는 시원한 냉면, 갖은 나물을 넣은 비빔밥, 속이 꽉 찬 만두, 달콤한 식혜와 바삭한 약과는 북한에서도 사랑 받는 음식들이에요.

즐기는 놀이도 마찬가지예요. 북한 사람들 역시 윷놀이나 제기차기, 씨름, 장기 등을 즐기며 즐거운 시간을 보내지요.

그 외에도 교육열이 높아서 공부를 열심히 한다는 점, 고민이 생기면 점을 보러 가는 점도 남한과 북한의 닮은 모습이에요. 오랜 시간 떨어져 지내면서 많은 것이 달라졌지만 같은 뿌리를 가지고 있기 때문에 닮은 점이 훨씬 많지요. 이처럼 북한은 다른 듯 닮은 우리의 반쪽이에요.

남북이 이끄는 통일

한반도는 미국과 소련 등 강대국들의 이해관계 때문에 어쩔 수 없이 둘로 갈라졌어요. 이후 남북 관계도 다른 나라에 좌우되는 때가 많았어요. 다른 나라의 간섭을 덜고 우리 민족의 운명을 스스로 결정할 수 있으려면 통일만큼은 반드시 남과 북이 주도적으로 이끌어야 해요.

현재 남한은 3단계 통일 방안을 주장하고 있어요. 남북이 화해 협력을 하며 평화가 자리 잡는 것이 1단계, 남북이 대외적으로 독립된 국가로 각자 주권을 가지되 느슨한 연합 국가를 만들어 통일 국가를 준비하는 것이 2단계예요. 이 단계에서는 남북 정상 회담과 각료 회의가 상시적으로 열리고, 한발 더 나아가 남북 국회 대표는 통일 헌법과 통일 절차를 정하지요.

남북 연합 단계가 발전하면 3단계, 남북이 합의를 통해 하나의 국가로 합쳐지게 되어요. 한 민족이 하나의 국가와 정부, 체제를 가진 완전한 단일 국가로 거듭나지요.

지난 2000년 열린 남북 정상 회담에서 북한은 자신의 통일 방안도 남측의 통일 방안과 크게 차이가 없다고 말했어요. 여기서부터 통일에 대한 논의를 시작해 가면 되어요.

그런데 여전히 북한을 믿지 못하고 북한이 무력 통일을 시도할까 봐 두려워하는 사람들이 많아요. 항상 대비하고 경각심을 가져야 하지만 너무 걱정할 필요는 없어요. 남한 체제가 북한보다 훨씬 우월하고, 우리 군대가 나라를 튼튼히 지키고 있으니까요.

우선 남한은 북한과 비교조차 어려울 정도로 강한 국력을 가지고 있어요. 인구는 두 배나 많고, 경제력은 최소한 50배 정도 차이가 나요. 국방비도 남한이 북한보다 최소한 10배 이상 쓰고 있어요.

중국과 소련이 북한을 도왔던 한국 전쟁 때와 달리, 지금은 북한이 전쟁을 일으키려 해도 도와줄 나라도 없어요. 현재 북한의 가장 큰 지지 세력이라고 할 수 있는 중국은 북한의 전쟁 도발을 강력하게 반대하고 있어요. 자신의 경제 발전을 위해서도 동아시아의 안정이 유리하기 때문에 사소한 충돌도 꺼리지요.

반면 북한의 공격에 대비한 남한과 미국의 동맹은 탄탄하게 유지되고 있어요. 이런 상황에서 북한이 남한을 공격하면 전 세계를 적으로 돌리는 것이나 다름없어요. 안 그래도 경제난으로 힘든 북한이 나라 전체가 무너질지도 모르는 위험 부담을 안고 남한을 공격하기는 쉽지 않지요.

오히려 두렵고 불안한 쪽은 북한이에요. 국력 차이가 크니 남한에 흡수되어 자신들의 체제나 문화가 완전히 사라질까 봐 걱정하지요. 이런 두려움과 우려가 갑작스러운 태도 변화나 도발로 나타날 수 있어요.

남한은 여기에 감정적으로 대응하기 보다 의연한 태도를 유지할 필요가 있어요. 북한보다 훨씬 강국인 남한이 북한의 변화를 끈기 있게 유도하고, 또 기다려 줘야 하지요. 이렇게 남한이 북한과 발을 맞춰 걸어가려 할 때 진정한 통일의 길이 열릴 거예요.

 **차근차근 한 발씩**

흔히 분단이라고 하면 지리적으로 갈라진 것만을 떠올려요. 하지만 앞서 살펴보았듯 한반도의 분단은 단순히 지리적으로 갈라진 상태만이 아니에요. 국토가 갈라져서 시작된 분단은 오랫동안 대립하고 갈등하면서 정치적, 문화적, 심리적 분단으로 이어졌어요. 남한과 북한 사이에 여러 겹의 벽이 세워져 있는 상태지요.

통일은 남북을 가로막고 있는 이 벽들을 하나하나 걷어 내는 것이랍니다. 단순히 휴전선을 없애고 외형적으로 하나의 나라를 만든다고 통일이 이루어지지는 않아요. 그러므로 결코 서둘러선 안 돼요. 서두른다고 단번에 통일이 되지도 않거니와 오히려 분단되어 있을 때보다 더 많은 갈등과 대립이 생겨날 수도 있어요.

친구와 심하게 다투었을 때 화해를 한다고 바로 기분이 풀리지 않잖아요? 어색한 마음을 털어 내고 다시 웃으며 어울릴 수 있으려면 어느 정도 시간이 걸려요. 남북 관계도 마찬가지예요. 오랫동안 싸우고 갈등해 온 만큼 많은 시간이 필요해요.

한반도를 가르는 수많은 벽을 부수기 위해서는 크고 어려

운 것 대신 작고 쉬운 것부터 해 나가야 해요. 경제 협력처럼 상대적으로 쉽고, 서로 이익이 되는 분야부터 시작하는 거예요.

대표적인 사례로 개성공단을 꼽을 수 있어요. 북한 핵 실험을 이유로 폐쇄되기 전까지 개성공단은 남한의 기술력과 자본, 북한의 노동력을 결합해 놀라운 성과를 거두었어요.

124개 업체에서 5만여 명의 북한 노동자들이 일을 했고, 매년 1천억 원이 넘는 수익을 올렸지요. 남한 중소기업들은 풍부한 인력을 저렴하게 고용했고, 북한 주민들은 월급을 받아 경제적으로 안정된 생활을 할 수 있었어요. 개성공단이 세워지지 않았다면 중소기업들은 저렴한 노동력을 찾아 중국이나 동남아시아로 옮겨 갔을 지도 몰라요.

경제적 이점만 있지는 않아요. 개성공단을 세우기 위해 북한은 개성에 있던 군대와 무기를 북쪽으로 이동시켰어요. 그만큼 남북 사이에 안전한 공간이 늘어났지요.

또 매일같이 남북한의 근로자들이 만나고 부대끼면서 서로에 대한 고정 관념이 사라지고 친밀해졌어요. 남한의 초코파이가 북한 주민들 사이에 최고 인기 과자가 되고, 남한 사람들을 보며 자본주의의 장점을 깨닫는 북한 주민들이 늘어났지요. 남한 노동자들 또한 성실한 북한 노동자들을 보며 북한에 대한 선입견을 지웠어요. 개성공단 안에서 작은 통일이 이루어졌지요.

개성공단처럼 남북한 사람들이 만나고 어울릴 수 있는 공간이 하나둘 늘어나 한반도 전체로 퍼져 간다면 어느새 통일도 우리 곁에 와 있을 거예요.

통일, 어떻게 해야 할까?

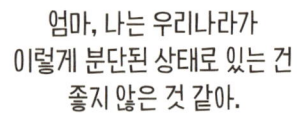

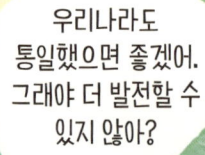

어떻게 통일하는지도 중요해. 독일이 훌륭하게 통일을 이뤄 냈지만 바람직하다고 볼 수는 없어. 동독 체제가 무너지면서 서독이 흡수 통일을 했거든. 흡수 통일을 하면 어느 한쪽이 다른 쪽의 경제 정책이나 문화, 정치 제도 등을 일방적으로 따라야 하기 때문에 서로에게 부담이 커.

그럼 어떻게 해야 하는데?

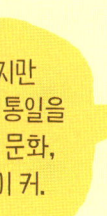

우선 작은 것부터 하나가 되도록 노력해야지. 예를 들면 개성공단처럼 경제 협력이나 문화 교류부터 시작하는 거야. 서로 부담이 없게 말이야.

그래. 엄마도 꼭 가 보고 싶구나.

나처럼 북한이 궁금한 사람들은 북한에 여행 갈 수 있었으면 좋겠어.

함께 생각하기

우리가 북한과 교류할 수 있는 방법에는 어떤 것이 있을까?
남한과 북한의 차이를 줄이기 위해서 가장 시급한 것은 무엇일까?

통일은
우리의 미래!

"엄마 엄마, 이번 수학여행은 한반도 종단 열차를 타고 북쪽까지 올라가서 시베리아 횡단 열차를 탄대요. 완전 신나요!"

평화가 쪼르르 달려와 자랑합니다.

"정말 신나겠네. 그럼 평화가 수학여행 간 동안 엄마는 평양 여행을 가 볼까?"

"평양엔 왜요?"

"엄마가 평양냉면을 엄청 좋아하잖니. 이번에야말로 평양에 가서 진짜 평양냉면을 먹어 보는 거지!"

마침 퇴근한 아빠가 싱글벙글 웃으며 들어섭니다.

"이번에 우리 회사에서 개성에 지점을 내는데 거기로 발령날지도 몰라. 개성으로 발령나면 우리 다 같이 이사하는 거 어때? 장모님도 모시고. 장모님 고향이 개성이라 늘 그리워하셨잖아."

"잘됐다. 안 그래도 개성에 친환경 주택들이 많이 생겼다고 해서 가면 좋겠다 싶었거든."

손뼉을 치며 좋아하는 엄마를 보며 평화가 맞장구를 쳤습니다.

"저도 대찬성이에요! 북쪽에 새로운 공장과 회사들이 많이 생기고 있잖아요. 나중에 졸업하면 그쪽으로 취직할 생각이었는데, 미리부터 갈 수 있다니 완전 좋아요!"

"하하, 우리 평화 벌써부터 취직할 생각하고 있었어?"
"그럼요. 얼른 돈 많이 벌어서 엄마 아빠 평양냉면 실컷 사 드릴게요."
"와, 말만 들어도 배가 부르네."
평화네 집에 까르르 웃음꽃이 활짝 피었습니다.

아직은 상상일 뿐이지만 통일이 되면 정말 이런 대화를 주고받을 날도 오겠지요?
진정한 통일은 단순히 분단 이전의 상태로 되돌아가는 것이 아니에요. 남북이 새로운 시대에 맞는 새로운 공동체를 만들어 내는 것이지요. 통일된 한반도는 우리에게 많은 기회와 가능성을 안겨 줄 거예요. 그만큼 힘들고 어려운 점도 많겠지요. 너무도 다른 체제와 문화를 하나로 거듭나게 하기에 시간도 오래 걸릴지도 모르고요. 그러므로 서로를 이해하고 배려하는 자세가 매우 중요해요.

어린이 친구들에게 인기가 많아 '초통령'이라 불리는 뽀로로가 남북이 힘을 합쳐 만들어 낸 캐릭터라는 사실을 알고 있나요? 남한의 콘텐츠 회사에서 기획하고 북한의 애니메이터들이 캐릭터 제작에 힘을 보탰다고 해요. 이런 이유로 뽀로로는 통일부 홍보 대사가 되기도 했지요.

그 소식을 듣고 조금 엉뚱한 생각을 했어요. 뽀로로가 통일부 홍보 대사가 된 것은 꼭 이 이유 때문만은 아닐지도 모른다고요. 무슨 말인가 하면 뽀롱뽀롱 숲속 마을에 사는 친구들이 숱한 말썽과 사건 사고 속에서도 함께 살 수 있는 이유는 서로 이해하고 배려하기 때문이잖아요. 남한과 북한 역시 뽀로로와 친구들처럼 서로를 이해하고 배려한다면 사이좋게 지낼 수 있지 않을까 생각했지요.

"평화를 유지하는 것은 무력이 아니다. 상대에 대한 깊은 이해다."

천재 과학자로 유명한 알버트 아인슈타인 박사가 한 말이에요. 아인슈타인 박사의 말대로 서로 이해하고 배려하면서 멋진 통일 세상을 열어 봐요. 여러분은 통일 한반도의 주인공으로 새로운 역사를 써 나가게 될 거예요. 어때요, 생각만 해도 신나고 두근거리지 않나요?

세계 시민 수업 시리즈

국제앰네스티 한국지부 추천도서
한국출판문화산업진흥원 우수출판콘텐츠 선정도서
세종도서 교양부문 선정도서
환경부 우수환경도서 선정도서

세계 시민 수업 ❶
난민
왜 목숨 걸고 국경을 넘을까?

난민들이 목숨을 걸고 국경을 넘는 이유를 배우고, 난민들이 어떻게 살아가는지를 알아봅니다. 미래의 희망인 난민 아이들의 삶은 뭉클한 감동을 줍니다.

박진숙 글 | 소복이 그림 | 104쪽

세계 시민 수업 ❷
석유 에너지
전쟁을 일으키는 악마의 눈물

석유는 생활을 편리하게 해 주지만, 환경 오염과 전쟁을 일으키는 무서운 에너지이기도 합니다. 석유를 둘러싼 다양한 문제를 극복할 수 있는 지혜를 배웁니다.

이필렬 글 | 안은진 그림 | 120쪽

세계 시민 수업 ❸
식량 불평등
남아도는 식량, 굶주리는 사람들

전 세계에 식량이 충분한데 10억 명이 굶주림에 시달립니다. 힘센 나라와 거대 기업이 일으키는 문제를 배우고, 우리의 먹거리를 어떻게 지켜 나갈지 알아봅니다.

박병상 글 | 권문희 그림 | 104쪽

세계 시민 수업 ❹
아동 노동
세계화의 비극, 착취당하는 어린이들

전 세계 어린이 중 10퍼센트가 학교 대신 일터로 나가고 있는 충격적인 아동 노동 문제를 알리고, 아동 노동을 없애는 구체적인 방법을 소개합니다.

공윤희·윤예림 글 | 윤봉선 그림 | 132쪽

세계 시민 수업 ❺
환경 정의
환경 문제는 누구에게나 공평할까?

지구 온난화, 기후 변화, 생물종 멸종 등 지구에서 벌어지고 있는 환경 문제를 환경 정의의 눈으로 살피고, 지속 가능한 삶을 위한 대안을 알아봅니다.

장성익 글 | 이광익 그림 | 120쪽

세계 시민 수업 ❻
빈곤
풍요의 시대, 왜 여전히 가난할까?

전 세계가 함께 해결해야 할 빈곤. 아무리 열심히 일해도 가난에서 벗어나지 못하는 이들의 이야기를 살피고, 빈곤을 없애기 위해 해결해야 할 것이 무엇인지 알아봅니다.

윤예림 글 | 정문주 그림 | 136쪽

세계 시민 수업 ❼
혐오와 인권
혐오 표현이 왜 문제일까?

우리 사회에 만연한 '혐오 표현'을 통해 '혐오'가 무엇인지 살핍니다. 혐오로부터 시작되는 차별, 그로 인한 갈등과 폭력. 혐오가 일으키는 문제와 그 대안을 알아봅니다.

장덕현 글 | 윤미숙 그림 | 120쪽

세계 시민 수업 ❽
평화
평화를 빼앗긴 사람들

우리나라 1호 평화학 박사인 정주진 작가는 평화를 빼앗긴 사람들의 삶에 초점을 맞춰 평화가 무엇인지, 평화를 방해하는 것이 무엇인지 알려 줍니다.

정주진 글 | 이종미 그림 | 136쪽

세계 시민 수업 ❾
다문화 사회
다양성을 존중하는 우리

한민족과 다문화 사회에 대한 우리 안의 편견을 알아봅니다. 다양한 문화를 존중하는 사회가 모두가 살기 좋은 사회라는 것을 깨달을 것입니다.

윤예림 글 | 김선배 그림 | 128쪽

세계 시민 수업 ❿
세계 시민
참여와 실천으로 세상을 바꾸다

세계화의 양면을 알려 주며, 모두를 위협할 수 있는 세계화의 그늘 속에서 우리가 어떤 선택을 하고 어떤 가치관을 품어야 할지 이야기합니다.

장석익 글 | 오승민 그림 | 132쪽